EL CANCIONERO TRASCENDENTAL

Miguel Ángel Escobar

EL CANCIONERO TRASCENDENTAL

2007-2019

La Candelaria

EDICIÓN, DISEÑO Y COMPOSICIÓN: Rafael Almanza Alonso

Agradecimientos a Mario Ramírez.

ISBN: 978-1-7346027-4-6

La Candelaria es un esfuerzo para rescatar a la
Bella Dama de la política, la moda y el mercado

Ediciones Homagno

www.homagno.com
editor@homagno.com

El Amor Universal

I Testigo de la luz

Libro de Jóveno (1975-1984); *El gran camino de la vida* (1985-1990).

II Nada existe

El octavo día (cuentos, 1990-2019*); Nada existe* (noveleta, 2001)*;
Fívulas u peróvulas* (cuentos, 2002-2003).

III HymNos

HymNos: *Visiones* (1991-1992); *Iconos* (1993-1999); *Del Amor
Divino* (2002-2004); *Adjetivos* (2001-2006); *Áncora* (2001-2013).

HymNos ii: *Del Amor Profano* (2013-2017); *De las Consignas*
(2007-2019); *Vínculos* (2017-2019).

IV *Elíseo DiEgo; el juEgo de DiEs?* (ensayo, 1994-1997).

V Santificada sea mi patria

Los hechos del Apóstol (ensayo,1994); *Vida del padre Olallo*
(biografía, 2004).

VI El Cancionero

El cancionero trascendental (2007-2019); *Donde la alabanza oficia*
(1990-2020).

VII Tiempo de Palabra

Palabra pública (periodismo, 2019).

EL CANCIONERO TRASCENDENTAL

VENTANAS / INTEMPERIES

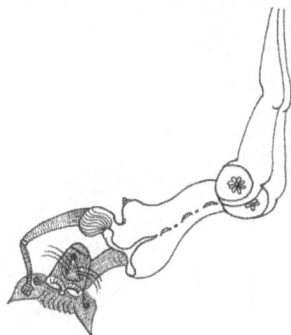

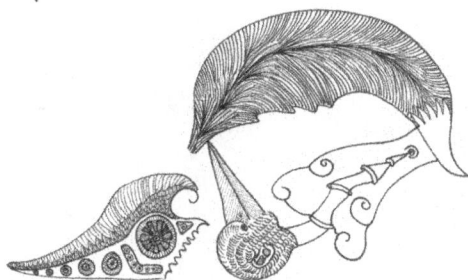

A la memoria de Blanca Rosa Escobar.

Mi palabra está sobre las aguas

Mi alabanza ante el mar

¿Quién escucha mi alabanza del mar?

Allá

Murió mi madre, estoy

Acá

Aún

Más

Días, sed

Di, sed

Caí en el horizonte

Me alcé hasta el sol

Amé

Fui

Soy

Sur!

Y del este al oeste pasa un dios

Ir!

Alto

Arriba

Hasta

Ah!

Ser

Y

Desaparecer —

Mágico hacer

Bien!

Ábreme

A

Una
Sola
Senda
Soy

Ven

Hay
Alegría!

Es cierta
La tristeza

Hay —

Alas!

Este brazo que rompe, que golpea

Nadar…

Exceso de cielo

Exceso de cielo

Aquí —

Y

Cielo no, tierra sí

Y el arte de reír

Cielo no, tierra sí

Ningún y

Tierra ya?

Cielo sí

Y —

Descaminado

Suprimible, *tachado*

Atrapado

He visto
Veo
Veré

El
Ser —

He aquí la foto de usted

Siendo
Un
Ser

Estoy

En
El
Ser

Y
Seré!

Y?

Éramos inmortales y jóvenes

Salud de existir:

Morir —

Nacer
Debí

Debo morir

¡Sí!

Quiero en la tierra el Cielo

—Yelo

Con la ambición y el sentir, sufrir

Sin la ambición no es vivir, el ir

¿De dónde, a dónde, por qué?

Yo

Él

A morir voy

Nunca
Hoy

Creí:

Padecí, viví

En este sitio

Lo que fui

Ni

Proscenio del mundo
La palabra!

Que de la huida y el silencio
Se abra!

Viene como el viento, Señor

El amor inmenso
Para el cumplimiento
Del deber intenso
El dolor

Viene
Con
El
Viento
Señor

Vientos de abril

Mil

Rábano

Tábano

Existe, Señor!

Si Tú inexistes nunca alcanzaremos
Amor

Señor!

Fue
Ayer

Se fue el bien
Se fue mi bien

Ven, ven

Cero

Acero!

Ser, o

Multitud

—Ataúd

¡Dinero, dinero!

Fuego

Aquello
Que
Oyes

Voces!

Cuánta eternidad

Gravedad del deseo, y un día
Además

De más

Mi vida como un acto de amor

Y mi amor como un acto de Dios

Los

Significado estoy

Significado soy

Sig

No

Al cero, cero

Y al acero, hacer

Lo

Censo
Del
Silencio

Excelso

Me extiendo
En el tiempo

Tengo

¿Tengo
Tiempo?

T

Arpegio

Privilegio

Acorde

Cor

De

A

Lágrima

Ánima

Aún
Hijo de Amor

Huérfano, de Dios?

Corresponderte, yo

Mi ausencia dirá que sí

A quién, aquí

Mi ausencia dirá que fui feliz

Tú eres la alegría de mi juventud

Aquella, aún

Siempre y siempre!

Ya que he vivido en la hermosura
Permíteme resistir en la pobreza

Esta

Negada,
Imposible

Sensible

Perdida

Tierra
Profunda

Ni una gota de sal, ni un abismo
Donde mi cuerpo se hunda

Mayo, y la sequía
Me inunda

¡Nos veremos en el cielo!

¡Ningún duelo!

Nos lo ha prometido el Amor
                que ha nacido en el tiempo

En una Nochebuena nos reuniremos

¡Nos veremos en el cielo!

Ningún duelo

El sacrificio es el oficio del servicio

Vivir para vivir
Vivir para morir
Vivir para seguir

Reír

¿Hay luto absoluto?

El luto es un abuso del uso

Acuso
Al luto de un exceso
Bruto

¡Impulso!

Del sinsentido y la violencia
Adquirí ciencia

Alumno del pecado y la mentira
Me acometió la ira

Nunca fui uno con el dos
Pero

Creo en este Dios

Al cero, al cero!

Que me vuelva número y dinero!

Al cero, al cero!

Infierno

Al cero, el

Aguacero

Agua
Cero
De enero

Entero

El agua es cero
El agua es aguacero
El agua es aguacero en febrero

Quiero

De tanto carezco
Que lo que poseo
Es
Peso

Excepto

Ocúltame
En un atardecer que supere mi sombra

Asombra!

Joven y feo
Sin empleo
De nadie el deseo

No lo creo

La estrofa del mar
Volar, volar
Cumplido recreo

Lo creo

Este tipo es famoso
Como en un circo el oso

Me gusta el mundo
Inmundo

Desaparecer para ser

Desaparecer del carecer que es este ser

Ayer?

La palabra me encaja
Donde estamos sin Ti

Porque estamos sin Ti
Tu palabra me obliga

Que sí

La
Cruz
Es
La
Luz

Siento
Sufrimiento

El sufrimiento es un
Sentimiento

Tiento tanto

¿Por
Ciento?

Tengo
Un
Sentimiento

Tengo
Un
Sentimiento
Adentro

Tengo
Un
Sentimiento
Adentro

En el
Centro

Él
Es
El
Centro

Sí, me
Siento

Me siento como un sufrimiento

Miento

Hay
Un
Centro

Hay un centro afuera y adentro

En el mismo momento

—Y al momento

Entro

Y lo encuentro

Ahora!

He dicho siempre este júbilo que me nombra

Ahora!

Asombran
El nunca y la muerte, la pena y el fracaso
El pecado y la sombra

Mi realidad adora

Señor Dios!

Tú en la nada de mi nada
Y yo en el flujo de tu acción:

Por favor

Quejarme de no haber sido amado

Figúrate el no saber amar

El día fascinante, imposeíble
El paisaje que intenté devorar

Con el alma

Han muerto los míos, soy ateo

¿Me quiero acabar?

Con este imperdible
Prendo al Dios prescindible

Con un imperdible
Yo

Hacia el hasta

Desde el nunca

Nada nadie hoy

El avión en el cielo
Y en la órbita el hielo

Más allá de mí mismo yo

La tumba en el suelo
O en el cuerpo el consuelo

Vos

Te
Dije
Tú

Usted
Vos
Ni sé lo que yo digo

Sino

Suprímeme, Virtud

Sancho, es ancha La Mancha

Vos
Vuestro

Tú

Cuando me supe un desastre
Me compré un sastre

Desnudo me siento un dios

Con Vos

Muchachos radiantes
Os veo como antes

Anhelantes

Ancianos

Hilando un sentido
Me encontré perdido

Siguiendo el electo camino
Dejé de ser divino

El sentido en que estoy no lo soy

Uno y ninguno

Diverso en mi anverso

Exceso, estoy
Desierto

Soy eso

Somos los valientes del pedazo
Y los cobardes de la Dimensión

He aquí a los héroes del retazo
Huyendo como la Expansión

Hemos sido una cosa como un caso
Y hemos inventado al Señor

Cómo no

Nací en el universo
Que es uno y diverso

Soy uno y diverso
Como un verso

He nacido en el universo

He nacido en el universo,

¡Exíliame!

Estado de gloria

En las esquinas del año
En los rincones del momento
Acecha

Acosa

El estado de gloria

Vivir muerto es un acierto

Como testigo muero vivo

Muere mi brevedad y estoy gozándola

Vive mi eternidad y voy matándola

¡Al ánimo, al ánimo!

La fuente se secó

¡Al ánimo, al ánimo!

Sol

Oigo mi diminutivo
Cada vez más a
Menudo, de gente
Extraña

Me aterra el apellido

Reconozco que
Hace un rato que finjo ser un
Niño
Pero este no es mi tiempo
Ni el tiempo es mío
Ni el sitio

Ventana:

Un

Fragmento

Celeste

Ese —

Mi deber con el infinito:
Este huevo frito

Tu deber para conmigo:
Dejar de ser mi amigo

¿Dios tiene deber?

No,
Es

La seda me asedia, fiera

Habitación y cielo

Ventana

—Pared

Son las cosas de Amor para amar

Las de estar

Es el Amor del Ser

Hacer

Es el Ser del Amor

Ardor:

Bésame la herida

La llaga es el alma:

La calma

De la llaga en el alma

Salva

El colibrí
Viene de vez en cuando al jardín

Seguimos aquí

Estoy loco por tan poco
Que si tuviera el infinito

Yo
Sería un
Ho
Yo

Quieres solo un poquito

Intentas asaltar el infinito

Pides nada a la nada,

Alma

Siento
El
Sentido

No como un destino
Sino
Como un

Amigo

El sabor del sentido:

Ningún sentido es desabrido

El sentido del sabor es delicioso

El sentido del sabor es que hay gozo

¡Propósito!

He adquirido un sentido

He recibido un sentido
Querido

Soy el sentido en que he creído

El sentido me lleva
El sentido me lleva recorrido
El sentido me abreva
El sentido me lleva dormido
Me sueña el sentido que he sido

Despiértame ido

El saber es aprender a desentender

Ver es distinto de entender

Ver

Es

Ver:

A la visión que me dejó ciego
Le faltó tiempo

Pero
Obedezco al hecho

He muerto de querer vivir

Vivo por insistir

Innecesario:

Por azar
Vine

Por azar
Vine a amar

—Amé

Extraordinario

Estrenar la hora
Me azora

Concluirla me asombra

¡Mi Señor!

¿Es este el nombre de la flor?
¿Hay una verdad en el color?
¿Tengo que ascender con un dolor?

¡Señor!

¿Hay día que no sea aniversario
De algún daño?

Mira bien

Mira el bien en tu olvido diario

Amén

La paciencia de la ciencia es la que piensa

La ciencia de la paciencia

Inciensa

De viejo
En cueros
Salgo al jardín

Hace un calor

¿Hay Eva por aquí?

El buen humor
Proclama que el mundo es obra de Dios

El malo,
Que hay diablo

Tomarse en serio es beberse el veneno
Ajeno

Tomarse en serio es cementerio

Dormir en tren

Nos lleva el bien

No, es en casa el aire acondicionado

La cola del pavorreal es real

La que es irreal es la pavorreala

Sí, no sé ser señor

Soy ario inferior

¿He sido creado
Para tener un empleado?

Mejor

Olvidar el agravio es sabio

Persistir en el grito es delito

La
Paz
Es
Más

Esa perfección
Carnal

Un día

—Y más

¿Lo tendrá?

Mente
Presente

La mente

El presente

La mente
Presiente

El

Ente

Ni siquiera el refresco de maracuyá
                              es paradisíaco

Aunque a la planta le dicen la Pasionaria

La ausencia inmensa es intensa

Presencia

La valeriana, la valeriana
El esfuerzo de amar y el trabajo del alma

La valeriana, la valeriana

El ansia

Enfermo de arriba abajo
¿Me abajo?

Ni me dejes subir

Tienen los amantes su canción

Yo soy el cancionero del Amor

Tuve como amante una canción

Amé con Amor

Cómo se puede morir el amor

Cómo se puede extinguir lo mejor

Cómo se puede acabar lo que soy

Tú tienes que existir, Dios

Confírmame

Que pase el mundo y se acabe

Y que nos deje la llave

Deshabítame en el ser

Querer!

Has podido conmigo, cabrón

Me has estropeado lo mejor

—*No*

En la limpieza universal
Que me recojan como un mal

De la pulcritud primera
Fui bandera

—*Fui*

Lo mejor existe por mejor

Sí, hay mejores

No quieren santos los que no quieren hombres

Mira a la anciana destruida y sirviendo

Santifícate siendo

La santidad es un empleo del ser

El sendero de justicia
Te asfixia

Tu asfixia fuera justicia

Pero no, aún no

Conocí la alegría
Traspasando mi día

He vivido el júbilo mayor

—Tengo que acoger este dolor

Ningún castigo puede conmigo
Soy testigo

Ninguna gracia me sacia
Es mi desgracia

He bebido tu vino
Sigo sin ser divino

¿Hay solución?

—Salvación

Me elevas como una enseña
Me proclamas como una guerra
Estoy a las puertas del ser
               como un estallido de pureza

¡Crezca!

La abeja

Murió la vieja

Llévate tus demonios
Afronta tu traición al otro

Soy yo mismo, tonto

Das lástima, pero mi dignidad es oro

Del coraje no me raje

De la fe tenga sed

Admire y persista

Venciendo:

Por la gracia de Dios
Viviendo

A Dios o a la nada
Se va la vida amada

A la nada o a Dios,
El prodigio de la voz

Que en el todo dice:

Vos

A nada

El mar y yo
No nos amamos, no

Yo amo al mar
Él
Tendría que amarme

Adiós

Acábalo, Señor

El mar y yo
No nos amamos,
Nos

Al lado
Tienes al malo

Y por encima el palio de Dios

Yo verso el plan del universo
El plan del universo es diverso de mi verso
El plan del universo es el verso

¡Verbo!

Soñar no cuesta nada sino el todo
El todo vale nada

Soñar la nada cuesta todo
Acomodo

Me ahogo del todo, nada

—Bota la almohada

Infinito y sentir

—Caudal

—Plural

Vivir!

Yo soy del vuelo

Me arrastro pero soy del cielo

Espero

Llévame al mar

Mi espíritu en el sol, y mi cuerpo
En la ondulación global

Sepúltame en la sal

¿Que me apropie de lo propio?

Lo propio mío es lo otro

Del Otro

—Acopio
El raudal de diversos que me viene de Ti

Me multiplico

—Me copio

Estuve aquí, insisto ahí
No hubo para mí

Estoy, hay un Padre en la altura

A veces soy feliz

Lo barato dura un rato

Lo interminable es impagable

Dame una pierna excelente
Que me estire hasta el puente

Dame una droga celeste

Cerraron los caminos del mundo
El torpe y el inmundo

Están abiertos los rumbos del cielo

¿Quiero?

La cuenta del millonario
Se me antoja un calvario

Esta miseria que escogí
¿Soy?

Ni
Fui

La gracia primordial:

Existe el Ser que Es

Asombroso y mortal

Huracán, huracán

Caridad, huracán

—Huracán

Pasado

—Pesado

Pisado

—Posado

La muerte no me dejará vivir

La vida no me deja morir

Por el momento

¿Lo pasado, pisado?

Esfumado

Pisar el presente, fugado

Fugándome

La vida no es, la vida será
La vida no se puede gastar
Tu vida ha sido querida para culminar

Empieza pronto a amar

Merécela

Nadie para mí, sino Dios
Que inexiste

Nadie para mí, el triste

Yo para todos, Nos

Entre el Daño y la Inocencia
He fracasado en la ciencia
De mí

Mi irrecuperable decencia
Se rebela en la obediencia
De ir

Provisional

Como animal

Final

La grosería es la vía

Ni siquiera el oro, el ocre
Mediocre

Ninguna perfección me azore

En provincia y sin mar
Quise amar

Apartado del mal
Encerrado y vital

Capital

Mi provincia es amar

La vida, perdida

De este ultraje, un coraje

En la muerte, mi suerte

Desnudo y mudo

Nulo

Absoluto

Por fas o por nefas
Estás fuera de la fiesta

Por nefas y por fas
Ha de faltarte paz

Bah

Le doy sombra a la noche

Vergonzoso derroche
De Ti

A la noche doy sombra. Se fue

La época solar que
Jamás aprehendí

El abismo de amar
Así

El mal de vivir:
Insistir

El mal de vivir
Es el bien de morir

¡Morir

Bien!

Al
Centro
Adentro

Adentro,
Al centro

Cero

Sin cuidado:
Desamparado

Sin cuidado

Apetito de muerte es vida
Impedida

Apetito de vida es muerte

Apetito de muerte es vida

Desamparo:

Pretendo
Perder aquello de que carezco

Harto!

Nací con el bien
Y con el bien doliendo
Alegre
Sufriendo
Voy siendo

Rehén

Este mínimo de bien
Exige volar el tren

El bien mínimo
Es un apocalipsis íntimo

El bien máximo,
Ácido

—Deja al bien

Ser

Ni eso

Prisionero del hambre de comer queso

Y un peso

El abismo de amar hasta el Ser
El abismo de amar hasta ser

El abismo de Amor

Confirmado, borrado

Amante amado

Rehúso intentar
Del sufrir el gozar

Padeciendo
Voy cumpliendo

Sin ganas

No me resigno a esta suerte:
Estar libre de Dios y ser esclavo de la muerte

Encuentro sabiduría
En sacudir la tristeza y creer en la alegría

Vivir y no vivir
No morir y morir
Existir

Reír

Qué brevedad

De la inocencia a la verdad
Del deseo a la realidad
De la salud a la enfermedad

Qué breve edad

Temiendo
Lo
Tremendo
Siento
Tanto
Miedo

Soy

Intenso

Tu dimensión inconcebible

El universo inhabitable

Im
Pedido
De
Mí

Amable

Pero

Pero
Espero
Lo que quiero
Entero

Profesión de limosnero
Suplicando la dádiva
Más de medio siglo

Consumí el febrero

¿Alguien encontró dinero?

Quiero

Espero

Tanto!

El universo es ciego

Como a un huracán, le tengo miedo

¿El universo es imperecedero?

Mejor me muero

Nostalgia del futuro de ayer,
Seguir siendo sin ser

Nostalgia del futuro de hoy:
Adónde voy

Hay un futuro en el nunca
La vida trunca

Nostalgia del futuro

Murieron
Y el universo se negó a verlos

Fueron sepultados
Y el universo siguió

—Ni se ha enterado

Murieron

Pobre universo

¿A dónde vas, Marya?

Quédate conmigo
Al menos de día

Al
Mar

Y
A
Mar
Y
A

Aguanta
Que eres fibra de sol

Aguanta
Que eres hijo de Dios

Aguarda

Comprar un mantel color cereza
Para que haya belleza en la mesa

Ya tengo la cereza en la cabeza
Pieza a pieza

Estoy
En
Espera

Ando
Y
Aguardo

Con
La
Esfera

Mi sangre se enferma

Ha de acabar, fiera

Tardo

Verdades
Despiadadas

Falsas

Solo
La
Alegría
Es
Sabiduría

Salvado
Avanzo

Abajo
Atravesando

Mayo, mayo

Escándalo

Si pudiera amar el soy
Me amaría hoy

Soy el que difícilmente se ama

Y estoy

Debo amarme ahora. Doy
Esta hora al amigo

Me he ido

¿Ya?

—Voy

Hasta el fondo de mayo
En un rayo

Venga esa dulzura

En el gusto de mayo
A caballo

Esta anchura

Morir, morir en mayo

Gira
Todavía
El
Sol

Que dura sin saber qué es
Que sigue sin saber quién soy

Viva todavía Dios

Nos
Amamos,
Nos

El amor que es dulzura
Me apura

Si es amor contiene dolor

Acéptalos

Pido
Olvido

Cuál memoria ha de ser sino un fraude

Para el alarde
De haber sido
Que me cure el olvido

Estoy oscuro

Pero
Y

Perduro

De la suma que anduve
He sido un querube

Habiéndome quedado sin voz
He permitido que me hable Dios

Me encanta el universo
Quisiera verle el anverso

Por ahora sigo siendo yo

Cualquiera que me niegue me hace un favor

Cualquiera, sí

Tú, no

Estoy fijo en el ser
Como la huella de ayer

Desprendido,
Desaparecer

Es
Sentido

Herido

En lo oscuro
Perduro

Pero
Empujo el muro
De mí mismo
Y

Alumbro

La
Dádiva
Cara

La barata

La
Dádiva

Quedarme en blanco
En el banco
Viendo

El
Cero

Quedarme en el cero
Siendo
O
Sido

Permaneciendo

Entregándome

Dispensador de magias

Un solo portento justifica mis ansias

Habla

El aguacero me desbarata la casa

Ven
Y
Pasa

En la cuota de amor pervivimos
Por la cuota de amor

Con la cuota de amor resistimos
De la cuota de amor

Sin la cuota de amor nos perdimos
Fue una cuota de amor

En la cuota de amor nos unimos
Somos cuota de amor

El Amor Absoluto creímos

Nos

Para enderezarme
Me bastará ofrendarme

De veras

Perdí la vida por delicadeza
Y a los brutos del colegio
Le ponen la mesa

Frescor, fragancia
Hay una estación de gracia

Este no es el que yo soy, hay otro
Consumado en el ansia

Bajo el chorro de mayo me espero

¡Restitúyeme, Calma!

Suertudo

La nobleza de los ojos abiertos

Mudo

Sudo

Si mi uso va a ser un abuso
Que sea un abuso de Tu uso

De adentro y de afuera
El fundamento que sella

De adentro y de afuera
Esta razón que me endereza

De adentro y de afuera
Una senda

Ocúpate de la loza

Protege la fuente, pule el vaso
Besa la copa

Estuvo una vez la familia reunida

En la cocina
La loza
Reposa

Renuncia, que te conviene

¿Se te va la vida o viene?

De afuera y de adentro
El centro

De afuera y de adentro
El viento

Que sopla donde quiere

De afuera

De adentro

Despiértame, que intento
Quedarme en la agonía
            de los hombres sin sueño

Entreveo
Las llaves del arca y los cielos
Abiertos

Despiértame, que muero

Querer
Aún
Tanto!

Si el tiempo se pudiera revertir
Cómo nos íbamos a divertir

Regresar
Para rectificar
Y volvernos a
Equivocar

Si el tiempo se pudiera revertir
¿Alcanzáramos a
Ir?

Nada que ser sino el viento

Nada que hacer sino el tiempo

Nada que ver sino el centro

Acá

Cuanto asciende
Me defiende

Cuanto desciende
Me enciende

Si vamos a abdicar la eternidad
Compremos una casa frente al mar

Que dispongamos de otra eternidad
Y que esa vez la podamos agarrar

Que nos secuestre la eternidad
Y que nadie nos vaya a rescatar

Que sepamos medir la eternidad
Por esta inmarcesible edad

Que venga por favor la eternidad
Y que se acabe la realidad

¡Nieve, nieve!

Quemado del verano
He fracasado

Llueve

Llévame, que estoy cansado

En la miseria de mí mismo
Trillado

Empújame, lavado

Enciéndeme
Que las frialdades de este mundo
Me divierten

Tírame en el hielo hasta quemarme

Incinérame

Cuento
El sufrimiento
Nunca el pecado que intento

Por el daño acumulado
Ninguna pena me verá pagado

Ningún momento incruento

La agonía de Dios me habrá liberado

La siento

Me miro en la cruz
Y no me veo

Creo
Que ahí estás Tú

Hago de mí mismo un abuso

¿Te uso?

Hice de mi nada una medida

Esclarecida

Amanece y me excuso

Por el miedo de amar
Perdí la hora solar

Ten cuidado, miedo

Yo espero, yo puedo

Dame un empleo

Págame por la nómina de los justos

Ríndeme al beneficio de los locos

No sé lo que me digo pero tampoco

Lo creo

¡Qué cantidad de confianza
Se necesita para evitar vivir de panza!

Cuánta esperanza

Se acerca mi hora

Cómo he de vivirla si no
Adora

Ahora!

Disfruten mi mortalidad
Que ni yo mismo me creo
La cantidad

Festéjenme inmortal
Que salgo en cueros
Del jardín al portal

Exhausto

Tocando
El
Fondo
En
El
Acto

Amando

Me
Hundo
En lo
Inmundo
Del
Mundo
Y

Aún

Abundo

Exhausto

Y ánimo aún para el

Salto

El arco

Voy a morir

Solo por eso
Vale vivir

Hay algo cierto

Exhausto

Me

Enarco

Exhausto

¿Me
Abarco?

Es verdad que estuve

Habrá un porqué

Hay algo cierto

Eso

Dudo, pero me aferro

Si atento al rocío
Madrugo

Navego
En
El

Río

Cuanto sé que es cierto
Me mantiene despierto

A la Verdad

No supimos amar a los amados
No alcanzamos a amarnos
No hemos podido amar a Dios, nos vamos
Como un fracaso

El que te envidia te encumbra

El que te encumbra te hunde

El que te hunde te salva

Sé

Palma

Calma

Alma

Porque soy esta persona sufriente
Me esconde de mí mismo
El que no me siente

Bien: da lo mismo

Soy el que soy, pero ferviente

El daño
Por el caño

Y en el año
Huraño
Un paño

De lágrimas

Siempre me quise espuma
Pero la gloria de ver
Suma

Has querido que asuma
La gloria que he visto

Bajo el sol, en la noche y la bruma

He tenido quehacer

Estréllame espuma

De haber sido yo fuerte
A cuántos les hubiera dado ya
Merecida muerte

Déjame débil

El éxito de ser
Y mi fracaso

Acaso

Cualquier mal me alcanza

Blindada está mi puerta al descaro
Y me acosan el daño, y el abuso, y la trampa

Mi jardín es venganza

Me frena la materia

El dolor me confunde y la muerte me enseria

Me detiene la materia

Mi vida es una farsa
Pero mi amor avanza

Miren mi máscara:
Me multiplico en ansia

¿Será la vida una trampa?

Esta pasión me basta

Mi prosa decepciona a la rosa

Mi decoro, al oro

El decoro de mi prosa me acosa

Cloro!

Salvándome por un tiempo
Escojo este momento para

Ser
Nadie
Y
Nada

—Única almohada

Saber que mi vida sobra
Me obra

Una existencia redundante
De caballero andante

Úsala
Y
Recíclala

Trabajo en lo bajo

En la altura mi cura

La
Lucha
Adulta
Bruta

Escúpela!

De mi vida adulta
La multa

La doctora me ausculta

Déjame ser mujer

Que el más pulcro sentimiento
Lo pueda yo ejercer

Déjame ser, mujer

El Ser que es el Amor que es el Acto
Me ha comprado con Su sangre
Este pacto

Ni de más ni de menos
Padezco

Mi sufrimiento es exacto

Los afanes del hombre
Arruinaron mi alma
Y mi dieron renombre

Que me cure la calma
Y el vacío me asombre

Breve
Y
Leve

Aleve

De tanto quererlo todo
Todo se me vuelve nada
Y en la nada del poco
De un algo que escojo
Me ahogo
Sin alma

Del secreto del mérito, prefiere
El mérito secreto

Recóndito de ti, olvidado
El hecho

Sin ganancia en el alma
Sin éxito

Terco

Seco

Alambre

Estambre

Calambre

Exceso de la
Carne
Excitante

Miente
Ese
Alarde

Por
El
Caño,

El
Daño

¿Me pertenece?

Porfío en este pedazo de angustia
Que he heredado con creces

Este mundo

Ese

Decirte una palabra arrasada
Con la rodilla en el infinito
Cansada

Furtivo

Ámame
No porque yo te quiera sino porque necesito
Amar
Te

Tu
Ser

Nos abraza

Nos

Mata

La gula
De hermosura
Me
Abruma

Líbrate
Del
Mito
Del
Levántate y
Lucha

Siéntate y escucha

—Date una ducha

Me mata el alboroto

Ensayo la huida
Roto

La unidad de mi vida
Por la lealtad a aquel voto
Ungida

Herido

De la llaga y la queja
La vergüenza
La ofensa

¿Haber sido?

La piña
Es
Ananás

Mi edad,
Eternidad

La vida es más

Ama a tu dinosaurio como a una lagartija

—Vigila

Abunda:

El tizne
Del cisne:

Mi culpa

Tú que me buscas
Ya me hallaste en el afán que
Suda

Tú que me ayudas

Del olvido
El fresco sentido

Desapercibido
Haber pasado

Ido

Amando soy el que soy
Y en el odio estoy

Porque adoro, enmudezco
Porque enmudezco, adoro

Y en el coro
Grito y crezco

He visto, he querido
He visto, he perdido
He visto el equilibrio
De fracaso y olvido
He visto, he malentendido
El sentido

He visto, he sentido

Vivir como avaricia
Me exilia

El ofrecimiento de mi muerte
Me hace fuerte

—Morir como justicia

Mátame, Dios, pues que el pedazo que me diste
Ha resultado triste
Y el no ser de mi estar ya no me alcanza
Sábado de esperanza

De lo que me perdiste
Haya venganza

Como si nunca hubiese existido
Camino por la ciudad
Azorado en lo que persisto

Afirmativo
Me sobra el ser en el que insisto

¿Aún
Vivo?

Somos alegres de ser
Y estamos en una tristeza

Manejémonos bien

La mente
Siempre
Duele

Quiere
Salirse de la frente
Y habitar en los seres

¿Acaso puede?

La mente
Hiede

—Y un lirio me atraviesa las sienes

La mente

Muere

Si fui o estuve
Ni categoría de nube

Así fue que estuvimos

Con las manos en los bolsillos
Nos creímos
Divinos

Nos fuimos

Tú, el Exterior
Dime por qué lo de afuera
Nos suscita calor

Dondequiera
Dolor

Como de herida
—Ardor

Llamado al atrevimiento de amar
Hago el culto de lo fácil
Y me agencio una paz

Llamado a la salvación de amar

Perdón por haber existido
Perdón por no haber construido
Suficiente sentido
Perdón por seguir malherido
Perdón por quedarme ido

Perdón

Morir es justo

Merécete el busto

Sí, he sido dicho
Como un acto del infinito
Ostensible, clandestino

Sí, he sido escrito

Enviado, escogido —

¿Alguien? ¿De quién?

Nada es de nadie

La vida es trunca

Siempre es el nunca

La vida es muerte

Nunca es el siempre

Saca tu biografía de la jaba
Si la guardas se acaba

Admírate como un portento
Eres el tamaño de tu intento

Vivifícame en la muerte
Que estos tipos me requieren
Vivo e inerte

Dame la abundancia que me quieres
—Que eres

El Amor me ama ahora

Dame trapo y escoba

Nada que empañe mi ego
Nada que me impulse ciego
Nada que interrumpa mi juego

Sí, reniego

Mil millones me ignoraron
Y los que amaron mi nombre
Erraron

A nadie amo

A nadie

Amo!

Cuánta cantidad!

Y ninguna verdad

Cuánta identidad!

Cuánta majestad
Ha creado mi edad

Cuánta libertad

Cuánta numerosidad
Ha dañado mi edad

Cuánta maldad

Cuánto bien sin piedad

Estuve yo en la cumbre
De mi presencia en la tierra

¿Cómo
Era?

Fiera!

Cuánta
Cantidad
Necesitamos
Urgente

Detergente

Cepillo para el diente

Mezquindad

Amo por mi ser
Y me achicharro en la entrega
Del futuro de ayer

Amé

Tu amor es error

Ardor

¿Tu ardor es amor?

Sudor

Amor es mejor

El más bello bien

Ardo

Porque llevo nardo,

Oh Cardo

No soy, pero estoy
Estoy por ahora
Por ahora no soy
Ni el que va siendo hoy

Pero voy

Es hora

Que no entiendo, no entiendo
Y oportunamente
Ya me voy yendo

Me duele la mente
De ser no siendo
Y de no ser, siendo
Gente

Huyendo

—Me voy

Yendo

Soy de la opulencia testigo
Y de la miseria del mundo
Mendigo

Se me ha extraviado el abrigo

¿Cuándo haré las paces Contigo?

Obedecemos vivir
Con la intención de una pregunta
Y una respuesta por venir

Obedecemos morir

El bobo pasa por la vida
Sin saber su herida

El bobo viaja por su vida
Ni detestada ni querida

El bobo nada por las vidas
Con un salvavidas

El bobo no se suicida

A Pito

Me
Aboco
Al
Pozo
Del
Todo
Y
Lo
Toco
Y
Lo
Noto
Un
Poco
Loco

De la nada a la nada extendido
Soy siendo sido

Aullido

Mi salud
En el
Ata
Úd

Haya salud, tenga salud
Y en el intervalo en la quimera
Crezca en virtud

En el ataúd mi salud

Des
Ata
El
La
Úd

Tú

En el ata

Que empiece
Mi obediencia a la luz!

Amanece

Puesto que el alma arde
Amar sin alarde
En el amor amado, olvidado

Querido

Salvado

De la nada escapado
Cómo explico el hado

—A nado

Tropiezo
Por el mismo exceso
Vencido

Soy mi certeza de sentido

El
Sexo
Es
Un
Exceso
De

Eso

Desprendido

(Y en la costumbre de quedarme
Ido)

Desapegado

(Y al invento de eternidad
Abocado)

Desbocado

Apto para ser
Un tiempo

¿Y para querer
Siendo?

Apto como el cero

Acepto
El
Precepto
De ser

¿Quise nacer

Inepto?

Silla
No

Rodilla

Harto de la cuota
Grito una nota
Indefinible

Se ha fundido el fusible

Soy la mascota del Uno
Y yo soy ninguno

Soy la mascota de Dios
Pero me bifurco en dos

Soy la mascota de usted
Que me cría con sed

Usted y yo, y usted y Él
Jamás somos tres

Sufro un estado de calor
Desde mis propios polos
De odio y de rencor

Vivo un estado de dolor
En las ensangrentadas puertas
De mi rumbo mayor

Soy un Estado de Amor

Estoy
Siendo

Soy
Yendo
Hoy

¿Creyendo?

Voy

Rehén de mi obediencia
Adquiero ciencia
De desprecio

El desacato es para el necio

Me precio
De no valer un tercio
De Dios

Impaciencia

Sí, estoy amando
Como un fracaso que va durando
Hasta cuándo

¿Trono?

Treno

Trueno

Una
Pizca

Y jugar a la brisca

Sí, ceniza

Una poquedad
En el coraje de la edad

Corazón, verdad

Una nimiedad

Dosis de caridad

Tanto
Martes
Santo

Esperad!

¡La potencia de la semilla!

¡Abajo la melancolía!

¡Déjame podrirme para esa maravilla

Ya!

El pasado quitado

El presente pendiente

El futuro inseguro

—Detente

A fuerza de ser distinto
Me he convertido en lo mismo

Me marcaron diferente
Y me suprimí la gente

Jugaban pelota enfrente

Ahora me creen un lanzador competente

La gente sigue indigente
No por mi culpa reciente

Sí, me quisieron distinto

Y he resultado un hijo

Álgido

Vívido

Único

Íntimo

—Sentido

Sedente

Pienso que la existencia es
Exigente

Al frente
De mí mismo
Soy un hijo del abismo
Indolente

Un
Ente
Valiente

¿Creyente?

Cielo, cielo
Y está mi ojo feliz
Sano, infinito y señero

Enférmate del suelo

Está
Trabada
El
Alma
Con
Tranca
Está trabada
El alma
Con
Ganas
Está trabada el alma
Con alma
Está
Trabada
El

¿Te alcanza el alma?
No, prefiero el ansia

¿Lograste calma?
Sí, con un arma

Está
Acabada
El
Arca

Mendigo
Por
Testigo
Del
Castigo
Del
Amigo

Sigo:

Te entiendo, te entiendo:
Que siga viviendo
Que siga sirviendo
Que me siga yendo,

Riendo

Sí

Creí
Porque
Vi

Creí porque vi el
Sí

Ceniza,
Ceniza

Brisa

Se fue, se fue, la hora se fue!

Sin fe, sin fe

La
Duda
Me abruma
La
Duda
Me anula
La duda
Me
A
S
U
S

T
A

Cuán
Burdo

El
Absurdo

De haber sido siempre un zurdo

Derecho

He fracasado

Quise querer pero no fui querido

Amé, no fui amado

El amante ha sido vencido

He sido el Estado de Amor aguerrido

Estoy aburrido

—A un lado

¿Quieres suerte?

Pero si tienes asegurada la muerte

Juégala

Adonde no quiero ir
Llévame, que me aturden los rumbos
Torpes de mi insistir

Enséñame a morir

Que se pierda, que se pierda!

Vaya yo hacia la derecha
Por la izquierda!

Que se pierda!

El universo es óntico

El universo es sólido

El universo es hórrido

El universo estólido —

El universo es un soplo

Me extravié de tal manera
Que he olvidado si iba o si venía
Como una carretera

Fui perjudicado

Y me hice del Amor soldado

Estoy más enfermo de lo que creo
Y aun aspiro a la libertad
Y a un recreo

Estoy jodido de distar de Dios

Nos peleamos los dos

Soy extranjero en el cielo

En el cielo del cielo soy el suelo

Soy extranjero en mi suelo

Soy
Casi
Cielo

No me quites la memoria del dolor
No me prives de mi error
No me aplaques la ira
Detesto disfrazarme en la mentira

Soy especialista del pecado
Mejor que sepulcro blanqueado

Ten presente mi daño

En él alienta mi tamaño

Divino

Se me ha muerto mi gente
Y me pregunto si duro
Por blandengue

Me debo al futuro
Indecente

Se fue la realidad
Y me instalé en la sustancia
De la verdad

Vida en abundancia!

Quise
Saber
El ser

Quise aprender

Quise aprehender el Es

Haber

Dame, dame algo

Satisfactorio y
Arrebatado

Dame aquello que sea un escándalo
De precisión y grado

Dame
Lo
Imaginario

Absoluto y delicado

Dame

Algo!

Haber?

A ver:

Voy a ver

Como a una bestia
Domina la miseria que te entregan
Y hazla benévola

Como a una yegua

Soy un desastre
Y el universo
Me expulsa como un
Lastre

Como si fuera a levitar por eso

Vivo
Con el objetivo
De ser
Activo

¿El objetivo
Definitivo?

Vivo
Con el objetivo
De ser
Definitivo

Pasivo

Y activo

Enséñame a padecer
Cuanto preciso para ser
Tuyo. Nunca menos

Señor, los dones que me diste
Mantienen mi alma en ristre

Nunca triste

Oír
El
Silencio

Hasta que la vida que me falta
Entre en mi intento,

Dios

¡Irme, irme
Y en la cumbre de mis días
Divertirme!

Firme, firme

Asirme
Del
Firme

—Herirme

Ved
Cómo
Me acosan

Apartarme de ti
Osan,

Dios

Haber de ver:
Haberme de creer
El ser, mi ser

Sí, declino
Cualquier victoria en mi mezquino
Destino

        Desatino
A sobrevivir entre los brutos

Soy demasiado fino

Tu hora
Es
Mi deshora

Pero
Mejora
Ahora
Mi hora que pobremente
Adora,

Defensor

Que haya una academia del llanto
Que haya tanto
Llanto
Que podamos descubrir la Alegría

Déjame asir esa hermosura
En su altura

Me
Hundo
En
El
Absurd
O

Pero mi palabra es del Júbilo

¡Lagarto, lagarto!

¡Que venga el infarto!

Estoy harto, estoy harto

97

Estoy firme en el ser
Con un déficit de futuro
Y el ejercicio de antier

Estoy firme en el ser
Como un ujier
De la torre y el muro
Y el hombre y la mujer

Estoy firme en el ser para
Desaparecer

Fue
Era
Es!

Equivocado

Enamorado

Se dice en mí una potencia
Que tiene categoría de
Fuerza

Se dice en mí una presencia

Mi acción esté tersa
De esa
Esencia
Cierta —

Se dice en mí una violencia —

Suélteme yo en esa ciencia

—Haga

Bórreme

Existir como ofrenda

Entregarle la rienda
De este soplo al Amor

Y que la muerte me ofenda

—Me entienda

Mi servicio
Mejor: ser
Desperdicio

Silicio —

Me deshonra el pasado

Me desbarata el
Hado

He sido elegido,
Amado

El universo
Debiera
Ser
Terso

Como un seno

Tiene demasiados objetos

El universo debiera ser un jardín

Afín

Allá y aquí
Y hoy y ayer
Y el ahí de antier
Y el futuro de acá

Y
Ser
Ya

El nunca del sí
Y el jamás del no
Y el siempre del quizás
Y el tal vez de mañana
Aún
Más

Te mereces
Tus heces

Son tuyas

Crecen

Exhausto

El fausto
De existir

Estuve

Sin

Seguir como si no hubiese existido
Y disolverme como un sentido
Extinguido

El ser está aparte
De mí, con un arte
Que me aturde y que ignoro

—Cruzando el ser
Adoro

Mar, mar que quiere acabar

Y en la costa de arrecifes
Atracar

Él que se creyó un océano
Redondo y sin final

El mar se quiere acabar

Porque respiro, aspiro

Porque muero, espero

Así, pequeñito
He quebrado los cristales
De la eternidad y el infinito

Con un grito

—Iguales

Digo que no puedo más
Sabiendo que Tú estás
Allá

Acá

Siempre estuve lejos

Del cielo

Del suelo

Nunca del eco

Más allá de mi no ser
Está mi ser
Más allá de mi ser
Está el ser
Más allá del ser
Sigue el Ser que Se Es

Acá

Si detestas ser virgen de mente
Hazte santo o demente

Cambio mi apetito
Por un solo rito
Nupcial:

Completarme cabal

Casado con el Infinito

Me he sometido a estupro
Por unas hazañas del deseo
Que ni me rozaron el bulto

He sido un burro

La bañadera

Seguro que instalado en ella
Desistiría de salir
Y pudiera dormir
Trabajar y conseguir
Agua, ataúd, tumba y bandera

Si la tuviera

¿Cuánto cuesta el don de ser?

Cojear y caer

¿Cuál es el precio del rato?

Consentir el asesinato

¿Cuánto vale amar?

Estar

Soy un guarismo de fuego
Y de la cuchara de los tibios
Reniego

—Me estoy quedando ciego

Veo:

Soy uns plétora de juego

Mira, me morí
Sin haber vivido, solo porque
Nací

¿Y?

Adónde huir
Sino al país de mi imagen
De mi medalla en perfil

¿Debí?

Decir:

Yo soy

Por la esperanza de que estoy
Por Ti

Decir que sí

Tú eres lo que no hay
Ni afuera ni adentro

Tú eres el grito de estar
En el universo

Tú fuiste el estreno

Tú serás ajeno —

Estoy loco y sigo solo

De un temor al próximo
Me voy juzgando corto
Me voy sintiendo roto
Me voy volviendo un hoyo

Cómico

Lo que no me dio la vida
Parece un insulto de lo alto
Y es causa muy disminuida,

Amiga

Te he preguntado por el cielo
Y me has dicho que tienes los pies
En el suelo
En el hielo
En el duelo

Así es

Sigue preguntándome con celo

Así es el Espíritu Señor:

No intentes algo que no sea un fracaso
No prefieras sino lo menor
No hagas nada que no sea inútil
No te encumbres sino en el dolor

Así es el Espíritu de Amor

Estoy recio y casi inerte

Estoy salvado y soy malo

Dame baja en el ser, para una muerte
De contrabando —

Pretendes ser mi juez
Y me descubres la hez

Me confesaré

Me quedé de este lado
Buscando algo

He acumulado tanto

¿Cuánto?

¿Cuándo?

Entro
Y
Salgo

Vengo

Alcanzo

Paso

Soy el criado de tantos
Pero ninguno me cría;
He puesto mil cerraduras
Y me han saqueado de día;
Soy ajeno de mí mismo
Y me has comprado a porfía

Quién lo diría?

Permíteme estar solo
Sin dolo

Déjame estar callado
A tu lado

Hondo

Preso
Del
Exceso

Mortal

El
Ser
Es
Eso:

Beso

Final

Como a una rata
La gente me trata:
Con el palo y la lata
Me quiere y me atrapa
Me busca y me mata

Sacude la mata!

Me propongo tratarme con respeto
Privándome del placer del delito,
Y a sentirme hijo de Dios
En el rito

Solo Dios es mi reto

No estoy convencido de ser eterno
Ni mi relámpago en la historia
Parece definidamente infierno

Detesto los términos medios

Entre el ser y la nada
Atestiguo mi asombro
Mi protesta y mi lástima

¿La mortaja es sábana?

Qué felicidad tan breve

Ser brevemente feliz
Es definirse como un infeliz

Ser feliz sin pausa
Es mi causa

Mi dicha crece

Que nunca cese

Te asiste
Dios: resiste

Me miden de afuera
Cobarde y mentiroso
—Cualquiera

Me archivo adentro
Con un amoroso
Centro

Que tuviera

Acércate, que sufro
Y de tu indiferencia
Me ocupo

Tú eres el zurdo

Déjame vivir a mi manera
Permíteme seguir el trecho hasta que
Muera
Como cualquiera

Con ustedes

Hay que morir, hay que morirse
Hay que vivirse rápido que se nos termina
El chiste

Hay que existir, hay que reírse

¿Quién merece mi ardor?

¿La fiebre de julio, la asfixia de agosto,
La botella de ron?

¿Habrá una ricura que me incluya
En su piedad o en su dolor?
¿Quién merece mi ardor?

Dime cómo me trago la llamarada
De la que soy el postor
Peor

Dame un incendio superior

A fuerza de saberme ridículo
Me inventado un vehículo
Hacia Dios

¿Ese Dios existe?

Me experimento triste
Sin vínculo

No quieren dar, no quieren darse
No les vienen ganas de entregarse
Son los idiotas del ser, la renuncia de amarse
En mí

Vacía
Me

Ni vida ni muerte
Ni el ser ni la nada

Lo real

Terrible
Inconcebible

Fuerte

Me duele estar vivo
Con lo fallado y lo torcido

Me avergüenza haber sido
Y cuanto he de ser todavía si insisto
En este presente pervertido

Me hiere este destino
Turbio, este desastre excesivo

En el que no sé cómo sobrevivo

El azar me acecha

¿Viene de Dios o del diablo?

Le hablo

Reza

Tu educación en el Amor
Me arrastra al odio y a la muerte
Y este exceso en el dolor

Dame una enseñanza mejor:
Dulce como las nalgas de Belinda
Y con fragancia de flor

Pedagogo mayor

Nadia ama al que ama

Aunque lo gozan en la cama

Nadie da al que se da
Y reclama
Amante
El alma

Justicia clama

Dios, tengo prisa
Por probarme en el ascua
Por hacerme ceniza

Dios, me doy risa

A fuerza de vivir aterrado
He adquirido una indiferencia
Del significado

A fuerza de seguir llagado

La vida noble y bella
Habita en una estrella

Horrorosa, en un agujero
Negro —

La vida noble y bella
Como ella
Que en la secundaria me dijo:

—Eres feo

Entra y sale de mi cuerpo
La materia que conforma
Mi desacierto:

Soy una función material
Que se cree espiritual
Por un término

Y para colmo
Discrepo

He probado a ser ateo
A ver si haciéndome imbécil
Te veo

Tú eres indócil
Como yo,
Dios

Te creo

Estás sufriendo en este punto
Y has de trasladarte pronto
A un nuevo infierno adjunto

Me gusta disfrazarme con gorra
Puesto que soy un fraude
Que Dios perdona y borra

¿Tú eres Dios?

El cuerpo del delito
Con el que muero pero no resucito

El cuerpo del delito
Deseando otro cuerpo
Por el pecado circunscrito

El cuerpo del delito
Escaso para tanto requisito

Mi cuerpo es un mito

La alegría indomable
Me obliga a persistir como el tonto
Que ama y no es amable

La alegría increíble!

Preferible la nada
A la nalga cagada

Una sesión de inexistencia
Como triunfo de la impaciencia
De ser, de dejar de ser

Indigencia

Del lobo, un pelo

Del amor la eternidad

Vamos a organizar un viaje
Que se diferencie de la muerte, y en donde
Estrenes un traje

Vaya ultraje

Mi patria los amigos
Mi iglesia los amigos
Mi familia de amigos

—Testigo

Testigo de la luz
Sin arcabuz

Testigo de la luz reciente
Olvidada
Presente

Testigo de la luz inclemente

—Amigo

Rumor
De
Mar:

Estar —

Siempre, siempre

Testigo
Del Amor Universal:

Mendigo

Habito en Camagüey
Y existo en la metagalaxia
Paciente como un buey
Y esperando la ataraxia

Que me exilie

Al mejor, lo peor

Por amor, el dolor

Con Cristo
Existo
Hoy

Todos morimos solos
Desamparados y rotos

Todos morimos locos
De haber vivido un poco

Todos morimos cojos
Nulificados del todo
Y de todos

Todos morimos solos
De cara a Dios

Dónde se ha metido Dios

Lo puse en el almario y
Se me ha escapado hoy

—Por favor

La puerta
Abierta

El alma siempre
En
Oferta

Se ha roto el timbre

—Cierra

Soy
Una
Nada

Soy una nada
Amada

Soy una nada nadada
Por el vacío de cada
Día

Soy una nadita llamada

En la ansiedad espero —

He inventado la duda, y creo

Soy inmortal y muero

Nunca podremos volver

No regresaremos a la cita de ayer
Donde pudimos divisar el ser

¿Jamás podremos ser?

Voy al no ser

Para lo que he sido
Y lo pretendido
Es demasiado ver

Creer

Me he ganado la vida
Con la espina partida

He gastado el amor
Soportando dolor

Me merezco la muerte
Creyente

Que nada
Muera
Y que la vida
Viva
Entera

Que muera la nada
Fastidiada
En cada
Alborada

Que impere Amor

Salió la vida
Torcida

Salió la vida como una herida
Prohibida

Triunfó la vida perdida

A tiempo
La llaga
Arde

A tiempo de eternidad
La llaga inicia su edad

Arde la llaga en verdad

—Es tarde

La llaga arde

Más que felicidad
La calidad
Del existir, a ver
Qué da

¿El dar?

Hay
Que

Hay que

Amar
Temer
Partir

Hay que morir

Hay

¿Qué?

De cómo uno ama
No se enteran ni en la cama

De cómo ama uno
Ignorado cual ninguno

Cómo no

A nadie pertenezco esta noche
Ni en la noche de ayer pertenecí
Sino a la incitación del frenesí
De darme en derroche

                    A nadie
Pertenezco nunca en propiedad

Vaya tranquilidad

Los sucesivos sidos
De mi ego, vencidos

Los sucesivos idos
En olvidos —

Amigos:

¿Habéis sido yo, o sombras
De mí mismo?

Yo soy la sombra

Ustedes,

Gritos

El que fue, y fue con
Todo
Ha sido, y ahora es
En el acomodo
De ser, algo y
Poco

El que fue
Todavía es
Y el que es ahora
No es tampoco

El que es ahora ya ha sido
El fue de mañana
Y será
Un poco de todo
Hasta el infinito
Loco

El que fue es otro

¿Será oro?

Mi unidad imposible
En el tiempo inservible
Grita una verdad:
Eternidad

Dispérsame creíble

No lo quiso Dios
No es culpa mía, ni tuya, ni
De los dos

Ha dicho que sí con el no

Créeme, es lo mejor

Me azoro
Del Oro

Me asombro
Del hombro
En el leño

Veo
Y
Escojo

¿Sabes ser feliz?

Conozco un tipo
Que dice que sí

¿Sabes ser feliz
Aquí?

Sí

Tú que estás perjudicado
Dime si se me nota algo
Raro

Tú que estás marcado
Disimúlame que robo en el
Mercado

Tú que vas humillado

A mi lado

Me abuso
De mi ambición en el ejercicio
Abstruso

Iluso

Aquel que fuimos

Del que huimos

—Este que soy

Del que me voy

—El que seré:

Fe

Tener
Para perder,

Tuvimos —

Nos creímos
Terrenales
Eternales
|
—Perdimos

Quisimos

Yo sí dije adiós

Y fue como si yo
Fuese más que un yo

O eras Tú, Amor

Mi haz
En el envés

Tanta pequeñez

Sincero una y otra vez

Contigo, Dios

¡Que rompa la primavera
Como una rabia
Artera!

¡Que rompa la primavera
Como una insurrección
Certera!

¡Que viva la fiera!

Permíteme renunciar a la mentira
Sin la ira
De ver el mal en mí, en los que amo

En la verdad
Con piedad
Puesto que estamos
Juntos

Ser sincero hasta el cero

Dame la espalda, que eres sabio

Coge la espada del enemigo
Jamás conmigo

Tú que estás falto de labio
Para mí

De los fulanos que he sido
De ninguno tan arrepentido
Que de aquel que fui ahora

Mañana habrá sentido

Supongo

—Demora

Tú eres mi ficción mayor, Amor

¿Inventor?

¿Narrador?

Pero así es pasable,

Consolador

Que venga la nada ya
Puesto que murió la eternidad

Que venga la nada
Y nada
Más

Que venga la nada y más

Errantes en la historia y en el tiempo
Bruto

Pequeños como el olvido, como el pasado
Como el futuro
Absurdo

—Juntos

El amor por lo menor
Como venganza por ser
Y por no ser mejor

El amor al por menor
Como desquite por ir
A desaparecer hoy

Menor y mayor

¡Que valga solo el momento
Hasta consumarme en la huesa
Puro como un intento!

Que valga solo el portento

Abrumadoramente
Soy lo mío y aquello y lo otro
En mi mente

Estoy enfrente

—Igual

Que me va a subir la presión
Tanto como si estallara
El don

Clavel, va a abrirse la flor

Lo estoy sabiendo
Y sé que estoy
Y que me estoy yendo

Estoy creciendo

Hay luz en exceso

Y la excitación del crimen
En mi seso

¿Por eso?

Estoy vivible
Baldío como una muerte
Pero asequible

Estoy visible

Salvé el abismo

El acá de mí mismo
Siembro

Me extiendo

Amar sirviendo

Olvido, más olvido
Que ya vuelve un presente
Lastimero y pervertido

Justamente excluido

Para ver la tarde solar
Cerrarse al insulto
Del ajeno brutal

La luz dulce, ideal

Nos aterra el milagro de haber sido
Niños

Maldecimos
Aquella costumbre de suponernos
Infinitos

Como un borrón en la pizarra
Existimos

De cuanto yo he vivido
Me resta una vergüenza
Un asombro y un alarido

¿Está el universo mal
O me tocó el estallido?

Nadie ha ganado pero yo
He perdido

Tanta existencial basura
Y el arte levantando una invención
Horrorosa y pura

Que el futuro quede pasado
Y que el presente esté ya olvidado

—Ni allá, ni el otro lado

Había una vanidad de vanidades
En una cantidad

Y había una profusión de identidades
De verdad

Había

Yo no tengo nostalgia
De unas peripecias mediocres
Que me hicieron un torpe,
Sino de la dimensión del alma
Que asciende hasta ese tope
Posible de sí misma, y mira a Dios
Hecho Hombre

Sepárame de la experiencia
De haber vivido: blanqueada
Insuficiencia

Quiero solo la ciencia
Del vigor de Dios en mí, amando
Deseando
Imaginando
En conciencia

Ya se agotan los pasteles
Que es la comida infinita
De los infieles

Se va a terminar lo que esperen
Para seguir en el goce propio
De las gentes

Ningún más, lo aborrecen

El puño de Dios me rompe
Mis ambiciones de goce
Mis aventuras de hombre
Mi conciencia de torpe
Mi nombre

El puño de Dios me obre

Ese dolor, todo el horror
Lo que hiere y desgracia el calor
De vivir
　　　—Morir

Con todo el amor, todo el amor

El puño de Dios me obre
Como un pedazo de nada
Y una mochila en la espalda
Como un orinal con caca
Como una sombra insombre

El puño de Dios me nombre

La contabilidad de mis éxitos:
Patética como un mérito

Debí haber vivido sin frenos

Y lo hice

Estoy corto como un cero
Y me levanto decidido
A seguir estando muerto

Hay que estar vivo y con éxito

Cuando me destrabe
Osaré desplegarme
Por el universo que sabe
Que soy un desastre

—Dame la llave

Pequeño

La marejada de Dios
Afuera, viniendo

Abierto

¡Que crezca la obra
Como una dignidad
Que sobra!

¡Ya crece la obra
Como un portento adicional
Al de mi nacer en la sombra!

Mi obra me nombra

Mi obra me escoja
Para las realidades mayores
Del existir que me agobia

Mi obra me arroja
A la visión de la verdad
Que me levanta y me derrota

Mi obra me entona

Prohíben que yo tenga nombre
Y que ascienda de mi esfuerzo
Cuanto me dignifica y me sobre

¿Mente de hombre?

Mucho menos de mujer

Me estoy sobrando
Y se me sale
Cantando

Pobrecitos, seguirán contando

Aún, aún vivo
Testigo
Del amigo,
Del auxilio
Rendido,
Del enemigo
Gratuito,
Del infinito
Y el siglo

Aún
Sigo

¿Contigo?

Me he vuelto ágil
Ante la vida y la muerte
Solo por frágil

Ávido de verte

Inhábil

Borrón y cuenta nueva
Pero que pueda esconderme
En la cueva

—Y que llueva

Extraviado

Y sin regreso —

Engañado —

Puro como un cristal

Destrozado

Mi pensar transhumano
No me convierte en divino
Pero me salva del ano

El ano es inhumano

Mi pensar transhumano es un tino
Genético, acertado

Estoy en el ser donado

Quítame esta ocasión de odio
Y déjame el Ser de Amor

Borra mi ser que fracasa
Del tuyo, en dolor, fracción

Por favor

A la mano el placer
Y ese modo de ser
Como no soy

Córtame la mano hoy

En esta fase de pupa
La vida perdurable necesita una
Lupa

Aunque el amor ayuda

No entender, no entender
Y amando como un zonzo
Seguir siendo un ser

Sin querer, sin querer

Debo exhibir mi herida
Por una exigencia admitida
Con una sinceridad mal entendida
Para la hipocresía del otro

Les hurto el rostro

Después de todo
Estoy trabado
Como un nudo o un codo

Desháceme hoy

La vida eterna me acusa
De estar contando monedas,
De un inventario de penas
Y de un archivo de culpas

La vida eterna me excusa

Tú que has vivido recortado
Dime cuán desenfrenado estás
De este lado

Hay que partir el coco
Para que tengamos el agua
Que alivia en el sofoco

Hay que poner el hombro

Mira la vida mayúscula
Cuán fantástica parece
Cuando se agota la rumba

Mira la vida minúscula

Me duele, me duele el modo
Me duele el codo
Me duele el oro
Me duele el coro
Me duele el cloro
Me duele el sodio

Dueles, odio

Estuvimos, sin daño
Para el prójimo, arrojados al caño
De la historia

Estuvimos sin gloria

Extraño

Óptimo

Trátame como si inexistiera
Como si mi penuria fuera
Verdadera

La tuya me asombra

Me atreví y me hicieron herida
Y cómo curármela sin una
Santa medicina

Pero que la vida viva

Que no haya sentimiento
Sino el corazón en ristre
En el deber del momento

Triste

Atento

—Contento

Un solo sentimiento de dolor
Para aquellos que nos amaron
Y a quienes no servimos mejor

Ninguna vergüenza mayor

Perdónanos, Dios

Ninguna lágrima sin mérito
Para la pena o el júbilo
Ardiendo siempre adentro

Ardiendo!

Algo de mí pudiera levantarse
Como un puño o un mástil

Pero desconozco el arte

Me asombra la esperanza
Impotente y absurda
Fabricándonos ansia

La vida es burda

Me complace creer

Me consuela saber
Que hay más ser que mi límite
De ver

Me dispone el hacer

Prisionero de Dios y mi conciencia
Envejezco en mi puesto
Como una bestia

Sigo estando dispuesto
A ser bueno y estúpido
Y a renunciar a la siesta

Soy un número

Ayer
Fui
Pasado

Hoy
Soy
Un ayer
Vaciado

Pronosticado

—*Estoy*

El alma sigue pretendiendo amar
En el fango y el humo
Y en la llama del mar

El alma sigue en su función de hallar
En el cero y el uno
Un estar

El alma insiste en su pasión de odiar
Lo peor que es su bien
Para terminar

El alma sigue pretendiendo amar

Y el cuerpo también!

La vida es burda
La vida es bruta
La vida es lurda
La vida es zurda
La vida es puta

La vida asusta

Ayúdame a creer que he sido
Que he dejado mi nombre
En los astros escrito
Con lo soñado
Y lo sufrido

Dime que estoy porque he sido

Sagrado

Trascendido

Aquel amor contrariado
Gobierna mi fracaso

Le he puesto a un lado
Pero regresa como un criado

En quién pusiste los ojos, bastardo

La siesta me sueña
Una mujer atenta

Me guarda, me entrena

La siesta
Despierta

Cuán enfermo
De estar siendo,
De seguir en la nada
Nadeando y creyendo,
Cuán enfermo
De tiempo

Cuán yermo

Ninguno
Tuvo
Sino un uso
De abuso,
Sino un burdo
Turno
De humo

Ninguno

—Uno

Llueve, pero tenemos techo

Ya viene el sismo que me deshace
Como si nos hubiera hecho

Llueve, pero aun con goteras
Habemos techo

Soy uno
De muchos

Soy el uso previsto y minúsculo

Soy ninguno

La esclavitud de los hombres
Es la gran pena del mundo

Y me pregunto
Cómo es que yo mismo soy esclavo
Del pecado y la duda, del disparate y el abuso

—Confuso

—Bruto

Está bien que nadie ame
Al que más que nadie ama

Incluso en la cama

Una sed mayúscula
En el piélago de la nada
Abusa

Este es el nombre de Dios:

El fracaso, la ruina, la victoria
Del estertor

Lo demás es misericordia
Bendición

Creímos
Por lo que vimos
Grandioso y exquisito
Exultante y divino

—Creímos sin haber visto

La vida es gloria
Porque guardamos del Amor
Memoria

Soy el trono y el viento
La despedida y el encuentro
La eternidad y el momento

Nudo soy

Verás
Tu faz
En la
Paz

Al
Ras

Porque tu faz
Está

Oculta

Haz
Tu
Antifaz

Ser
El viaje
O el traje

Tal vez el mensaje

Pero que nunca el Ser
Me saje

Estoy en el viaje siendo

Yendo pero viniendo

De?

O soy en el cambio huyendo

Sin ser

¿De qué?

Es fe que soy

Es fe que estoy

Con fe me voy,

Sed

Si Dios existe
Es un chiste

Y por eso

En
Él
Creo

La muerte me lleva exhausto
Y caigo iluminado
Y abasto

La Muerte Amiga me llama:

Considera a esos fraternos
Que te saquean el alma

No son tan malos —le digo

Pero la Muerte se calla

Me dicen que no hay bastante
Que cuándo hubo el producto
O que lo habrá en lo adelante

En usufructo?

Yo que he sido mutilado
Como cada cual, me encuentro
Íntegro y probado

He muerto de mi delicadeza
Pero hubiera perecido
De una existencia torpe, ruda y presa

Y tú, bruto, también

Servicial inservible

Criado del amor imprescindible

Falto —

La vida astuta

—Sexual

—Funcional

Prostituta

Lealtad liberada

Lealtad libertaria

Libertad leal a su Creador

Libre obedezco yo

—Dime, Dios

Alguien me dio el amor
Y lo ejerzo doloroso
Como un honor

Cómo que no!

Si ha de caducar el mundo
Qué se ha perdido

Todo es sentido
Rotundo

Descomedido

La vida que no me diste
Se me ha vuelto un periódico
O un escándalo triste

Yo llevaba el alma en ristre
El amor era metódico
Y la historia era un chiste

La vida que no me diste
Insiste

Se me antojan estas cosas en calma:

Un paseo matutino

Una tarde en la cama

Y el deseo divino
Del alma

He vivido al revés

Me quise rebelde siendo un manso

Me creí soldado siendo rey

Este descanso,

A ver

Me he fingido tan firme
Que ni siquiera he querido
Irme —

Si ya me estoy yendo,
Para qué seguir huyendo
Otra vez viniendo
A la necesidad de desasirme

Irse es quedarse

Quedarse es irse

Al fin

Me desconozco en el que fui
Y del que seré me aparto
Siendo hoy así

He sido por un *si*

¿Por un sí?

Mi vocación de comemierda
Me llena los labios de una ambrosía
Tremenda

Pruébala

Tanta gente mata
Tanta gente hiere
Tanta gente almada
Me busca y me quiere

Para
Ver
El
Ser

Miro

Para verlo a usted —

Feo
Y
Herido,

Al revés

Hambriento de mí mismo
Me doy prisa

Aprisa
Insaciado de ser y
Sin sonrisa

Doy risa

Estoy bien, estoy bien
Y en los minutos próximos
Se me irá el tren

Descansa
Del ansia
Del alma

Alcanza
Lo sufrido
Para una carcajada,

Mansa

Sabía lo que me esperaba
Y me lancé a la nada
Con el ánimo herido

Sabía lo que me esperaba

Pero no lo había vivido

¡Rechacemos octubre
Y el peligro y el daño
Y el asco que encubre!

Y que pase una nube

No me tocaba
Sino el fraude y la burla
Que me marcaban

No me tocaba
Sino la cuchara de odio
Y el postre de rabia

No me tocaba
El mundo y su tralla

Me bastaba el alma

El que amó no fue
El que ahora soy

El que amó falló

¡Que me ame Dios!

Amigo, estás enamorado
Y en el remolino del espíritu
Vas asombrado

Yo me hago a un lado

No llegué al fondo de la lágrima
Ni en la cima del júbilo pude
Elevar mi casa

Me creyeron enérgico por exprimir una
Toalla

Sigue, aguarda

Así la vida agotadoramente

Pasa

Jamás toques la fiesta

Nunca atentes contra la celebración de ser
Donde el perjuicio y el dolor no cuentan

Al fin Dios ha despertado de su siesta

Y nos lleva con Él

Ante mí mismo sobrando
Y a tanta gente sirviendo
No me averigüe yo el fin
Ni el cómo ni el cuándo

Siga inconmovible

Yendo

Ah, si existieran los ángeles
Yo me desharía del polvo
Del tiempo y de la carne

Ah, si me saciara el hambre

Que Dios ha muerto y yo he vivido
Que en este instante el Sol ha salido
Por el oeste y se ha sumergido
Arrepentido

Habrá que ver

Me quieren lo que pueden
En la calle y en la cama

Me quieren cuanto pueden

Nadie me ama

Tristes por el disgusto
De vivir, y alegres
Por el gusto,
Estamos

Tú
Eres

Escondido en la aldea
Del mundo y del tiempo
Riendo —

Público en la idea

—Cumpliendo

El pasado,
Cagado

El porvenir
Me hace reír

Para el presente
Me falta el diente

¿Huir?

Incurable
Y empeorando
Con la desesperación
De estar sano y potable
Y al mando

Mi esclavitud, mi rebelión
El daño que heredé y me hice

Incurable, implacable

Inverosímil

Tanto morir para vivir

Tanto vivir para morir

—Tanto sentir

Mostrarme entero
En enero

Un entero

El cero

Busca mi sexo el seso
Para un receso

Busca mi seso el sexo
Para el exceso

Busca mi muerte el seso
Para el sexo

—Por eso

Diminuto
Es
El
Minuto

Desmedido
Su sinsentido
Absoluto

Herido, pasado, fallido

Burro

La bañadera, la bañadera

Noticia alguna para mirar
Fuera

Adentro de la bañadera
Como una carretera

Adentro

Afuera

En el límite del universo
Hay una cascada de ángeles
Y un cuerpo tieso

El tuyo
Algo en el alma, alguien del alma,
El alma en calma,

Y
A
Dios

Cúrame, enfermedad,
Del hambre de edad,
De la fiebre del sí
Que viví

El alma trémula y sola desprecia
Seguir muriendo aquí

Silbaba la olla de presión

Y era la casa un solo corazón

Abundante existir!

Sí, estuve. Sí!

Que no tengo nada
Que no sea rabia
Que no sea alarma
Que no sea el ansia

Que no sea el alma

Mantente en la cumbre del alma
Donde el ser es patente y se traba

—Empuña el arma

Ahora que estamos vivos
Vamos a gozar como hijos
De Dios, fanáticos del parricidio

Ahora que nos queda filo

Las gracias de este mundo
Me acechan y me acosan
Con ímpetu furibundo

Un segundo

Hasta aquí
Amamos

Hasta este punto quisimos,
Nos damos

Con esta cifra nos vamos

La cuota
Agota
El ser

Pasa una gaviota

En su turno de ser
La paloma zurea
Como ayer

Aunque aquella era

Otra —

¿De dónde lo que duele
Viene?

¿Tiene
Un enigma de alegría?

¿Ardía
La vida a porfía
Como un pobre dolido y redimido?

De noche, un día

Con una vara de infinito
Nos mide Dios el mito
Del grande y el pequeño
Del estirón del sueño
Y del fracaso prescrito

Con una medida sin delito

Nada es de nadie
Y yo de nada

Alguien de alguien?

Ni en la cama

Yo era torpe, y con esfuerzo
Me hice idiota

Nadie ha preparado el almuerzo

Si por lo menos jugara pelota

Hágase Tu voluntad
En el cielo, que obedecen
Las libres criaturas de ensueño

Hágase Tu voluntad
En este encierro

Oblígame acá

Estuve —

Tuve?

Hube?

Soñado y fallido
Soñado y sentido
Soñado y vivido

No, yo no tuve
Ni el yate ni el potro
Ni el beso ni el socorro
Ni aquello ni lo otro,
Porque anduve
En la nube
Que sube
Hasta el querube

— Que sólo tiene a Dios

Esperando, esperando
Una ceremonia del nunca
Y una invitación del cuándo

Un Evento Máximo

Era pobre
Y salobre
Mi nombre

Entre los perfectos andaba yo
Insombre

Ahora soy un hombre

Nada mi nada en la nada

Cada

Día

Normal

¿Se ahoga?

Vaya si he intentado ser duro
Que de viejo aún le meto la frente
Al muro

Débil
Perjuro
Acudo
Al Todopoderoso

Rudo

Que nadie me ame a la mitad
Y que soporte el extravío
De mi edad

En frío

El credo se vuelve rutina
Nada resulta común
Y en el oficio
De la cocina
Hay ataúd

Mejor el vicio

No más ayer
Éramos infinitos
De pasión y de fe

No más que antier
Éramos distintos
Para hacer y crecer

No más ayer
Éramos los mismos

Pero sabíamos querer

Dame la fe, busca la fe
Mira que la crónica abrevia

Juega la fe, arriésgala

—Dame café

Del pozo del alma
Halo la cuerda
Y obtengo el agua
Que quema

Tú estás viva, Carmela

La vida es sempiterna

La muerte no existe

¿Cómo va mi hernia?

Cuánto pude hallar
En la luna o el mar

Cuánto descubrí

Fue como si viviera. Pero
Sin dinero

Me perdí

Me consuela
Ver a mis muertos
En sueños

Callan:
Solo
Saberlos

Pasan, están, les creo

Con ellos
Permanezco

Esa ilusión de amar
Que fuera más concluyente
Que el mar
Que el mal
Se extinguió, la ignoro, la burlo
Incapaz

Yo habitando aquí
Con el todo y con todos
Demandaría partir

Hemos sido felices
Con los ojos de una muchacha
Que el amigo adora

Hemos sido felices ahora
La eternidad demora

De lo que duele
Una renuncia viene

De cuanto hemos sufrido
Ningún sentido

Abandonado del Amor,
Herido

Decíamos las verdades absolutas
Del Amor y la Lucha

¿Cuándo perdimos la ruta?

Perdura
Nuestra existencia
Abstrusa.

Qué se ha podido
Sino una dosis de amor
Dado o recibido,
Y un reclamo de olvido

Pero viví con calor

¿Quién vive?

Una minuciosa biología
Me describe
Averiado

    —Al lado

La Alegría

Pervive

El acto del olvido
Ejercido

Ni memoria ni dato
Ni archivo

Estuve un rato
Por aquí

Viví

Fue entretenido

Ladrón y desempleado
Con una voz de héroe
Malogrado

Al lado

No me tocó, no me alcanzó
Fue bueno mientras duró
Y
Ya
No

Nunca habrá dos

Hubo una era sagrada
En la que tú y yo amábamos
Sin cobrar la entrada

Ahora miramos la muerte
Con ese afecto sin cálculo
Indiferentes

¡Al fin cerramos la tirada
Con esta tralla que es gente!

De nuestros estadios felices
Tú y yo recordamos los
Accidentes tristes

Tuviéramos eternidad
Si a aquella felicidad
Regresáramos
—Barata, imaginaria

¿Otra vez llegará?

Hubo una época en que yo usaba mocasines
Iba a la playa en el verano, y al
Cine

No recuperaría ni un instante
De aquella dicha pasadera, sino
Para burlarme, para irme

Haber nacido
Como Hijo pero
Torcido

Haber vivido
Con la culpa del delito
Recibido
Cometido

Haber nacido
Para el mérito de Dios,
Amigo

Si escaseas de vocación por el dolor
Educa un perro que te guarde
Y te mantenga en su favor

Tú que eres un gato de Dios

Caliente, caliente
Como un volcán vehemente
Vomitando lodo

Doliente, doliente

Que el descaro sea a la cara
Y la existencia tan pura
Como una
Bofetada

La fecha apura

Amo, luego soy

Estoy

Sin embargo

Me voy!

Que no pueden darme nada
Ni yo quiero que me den
Sino que me admitan un tren
Y una nalgada

Que cómo me darían un alma

Ficción, ruido
Un fraude
Cobarde
Y poco divertido

Al menos tú vas a darme ya
Olvido

¿Hay algo fuera de mí mismo
Que sea distinto?

¿Alguien fuera de mí
Justifica el frenesí?

Yendo, yendo

—Corriendo

Ningún sí

Quise tener

Quise tener
Un tren

Eléctrico, un papel
De protagonista, una
Taza de café

Quise querer

Aquel que fue feliz
No era yo, pero fue
Así

Aquel que fue feliz
Sigue siendo el mismo
Tonto y sin desliz

Nunca pude vivir
Por el odio y la guerra
Y haber dicho que sí

Nunca pude vivir
Sino
Así

Vivir pude en el nunca, pero
Ciertamente

Permanezco en mí

Vivo el sentido
Como un alarido

Y me callo

Amé y espero el Amor
No porque lo haya ganado
Amando
Sino porque nos ha sido
Prometido

Amé y estoy faltando

Si yo estuviese perdido
Sospecharía un sentido

Sospechar el sentido

Es vivirlo

Exhausto
Y sin auto

Disponible un Acto
Inmóvil

Permanecer es morir
Por la fuerza de amar
Y el deber de existir

Ir
A permanecer
En vivir

Sabiéndome un disparate
Yo me proclamo una versión
Del arte

Mire, mire: ame!

Tanto, tanto
Por arriba y por abajo, y en el medio
La porción de quebranto

Mientras
Tanto

De tanto admirar el mar
He adquirido un azur
Que me ha impedido amar

Al norte y al sur
Tierra, tierra

Arar!
                    (1 de febrero, 2014)

Amaron el tonto y el santo
Por una razón de irrealidad
Y por una plenitud de espanto

Tú, ni poco ni cuánto

Yo inventé la eternidad
Para resistir mi nulidad

Pero el cero es un número real

Tan mediocre
Como un atardecer en ocre
Que también los dinosaurios vieron

Si miraron

Vivíamos como gente
Corriente

Yo escribía, escribía
Espantado de ser diferente

Enojado

Enfrente

De las variantes de existencia
Ninguna es arte o ciencia;
De ese paisaje recorrido
Ni te has ido ni has sido;
Fueron las equivocaciones los aciertos
Sin dejar de ser entuertos;
Y has perdido con Dios, porque fallaste

Porque nunca jugaste

Se acabó lo que se daba
Y que tal vez se robaba
Al moribundo y al que sufre:
Se nos acaba el churre

Se acabó lo que se daba
Si es que se nos dio, y creíamos
Que bastaba

Se acabó lo que se daba
Que nunca se dio bastante pero
Se esperaba.

¿Voy a empezar sin traba?

Mi cariño era pequeño
Porque negaba a Dios: y me creía
Señor y dueño

Cuánta ganancia me perdía

Que tenga sueño el empeño

Que haya vida buena
Desde la dulzura firme
De un sol que se estrena

—Quedarme

Irme

Tus amores en el mundo:
Carta para lo profundo

Tus amores en el cielo:
La catarata al suelo

Tus amores contigo:
Ni un amigo

Verlos

Con el cuerpo de la gloria
Y con los ojos eternos

Verlos:
Sencillos
Completos

Mis muertos

Muerte Amiga, ven cuando quieras
Que estos tipos me acaban
Sin amistad o en guerra
Con la balanza y el cálculo
El puñal y la dentera

Ven con tus banderas

Qué suerte
La muerte

Frente a la muerte
Siempre estoy vivo

Nunca he de estar inerte
Por adelantado. Sobrevivo
Para morir

Para tenerte

Arroja al pasado
El deseo agotado
El carnero estofado
El hado

Hazte a un lado

Tú mismo fuiste un pasado
Pasado

Eliminado

Lo que jamás yo tuve: un esfuerzo
Por soñar lo que hubiera tenido

Hice un sueño y terminé aburrido

Hasta aquí podemos llegar:

Me ha nombrado la gloria
Y he mirado el mar

Ahí podemos culminar

¿Quién vivió?

El bobo y el santo
O el que renunció

¿Quién murió?

No le reclames a la muerte
Paguemos el pasaje celeste

No te empeñes en seguir:
Si estamos yendo, ir

Pero estaba equivocado, enamorado

La pasión no era errónea, sino
El suceso desdichado

Estuve enamorado

He creído tanto, tanto

He creído demasiado

He creído y me voy agotando
De espanto
De fango
De algo

¿Te reconocería?

Éramos otros, en la duda de ambos
Y en la certeza de la alegría

Yo mismo me desconozco, pero
Debo verme todavía

El salto del adolescente
He visto, y se me ha desvanecido
En mi prisa y su edad divergente

Aún podrá repetir
Esa gracia que ignora, que he perdido
Que pronto va a morir

Si quieres una existencia segura
Pacta con el gánster, alza un muro
Obedece al político en su altura
Construye con tu bochorno tu futuro

Si quieres un porvenir seguro
Consulta al naturista, hazte una cura
De parásitos, que haya un helicóptero de apuro
Mientras el terremoto dura

Si quieres una existencia segura
Espera la vida futura

Allá

Que he mixtificado la cábala
Y por el vicio de entender
Me suena Dios una nalgada

—Que arde

Investiga el arcano del dolor:
Hay amor

Atrévete al enigma de morir:
Seguir

Cumple con tu sitio en el deber:
—Ser

Razones de la locura
Y méritos para la burla
Nunca ninguna cura
Y tanta, tanta culpa

Que no haya hambre de Dios
Que no haya el uno para dos
Que no haya el uno para uno
Que no haya algo en lo ninguno
Que no haya un Vos

Adelante, a la muerte
Que me libere del suplicio
Del diablo y su gente

Adelante

A verte

Que desatiendas lo que pido
Ni me escuches la queja
Torturado y creído

Límpiame la oreja

Ni memoria ni olvido

Heme en el carácter, y me río
De cuánto puedo, y de lo poco
Que me fío

Duro, caduco, loco

Una opulencia se perdió
Que me diste y jamás devolví
Que pude dar y se agotó

Me sobra aquí, aquí

No, no

Aguantando
No el orbe sino una pluma
Pasando
Cayendo
Al fracaso que me suma
Siendo

Sí, tuve una jornada
Incompleta, y buscada

Mejor honrada y encontrada
Al azar

Pasada

¿Hice daño con mi ser?

Me prohibieron crecer

He crecido

Se ganaron mi olvido

Quítame la espera
De afuera

Líbrame del culto
De la acera

Oculto
Aguardar la Vida
Fiera

Que parezca real

¿Ración, dosis?

Una noche genial

¿Quién inventó el destino?

Animal

Despierto —
Y me azoro de regresar, incierto
En la conciencia de este acá, inseguro,
Real la pesadilla y ficticio este impuro
Oficio de proseguir, muerto

Razones para una fiesta:
Me interrumpieron la siesta

Méritos para ser feliz:
He cometido un desliz

Me casé con la alegría:
Evidente, hoy no es mi día

Cómo despreciar el sacrificio
Si me diste el amor por oficio

El que puede, que entienda
O que atienda su tienda

El mundo es un sitio inhabitable
La casa es el mundo enclaustrable
La puerta es un engaño inevitable

Hable!

Esperan un fin
La llaga de adentro
El viaje sin centro
La hora ruin

Aguarda ahora el sin fin

Porque voy de caída
Me encuentro más pleno
Que en la subida
Su errata y su trueno

La estampida

Construíamos en el calendario
Un mito
Ario

Ahora preferimos un rito

Diario

Suele
Doler la verdad

La caridad
A fondo, duele

Mi fracaso
Vuele

Hubo unos sabores —

Unos pájaros de colores —

Huyeron

Cayeron

Hay dolores

De esa manera anduve errado
De la opuesta, equivocado

De aquella manera triunfé
Con la misma, fracasé

Por qué estoy
A dónde voy
Quién me hizo

Me deslizo
Con mi ignorancia
Por la errancia
Y el piso

He soñado un Paraíso

¿Tuve algún rostro?

De niño, tal vez
Fui otro —el otro

¿Crecer, ser?

¿Alguien logró vencer?

Flojo. Cobarde. Sordo

Sí, enemigos del alma
Mentí, soy falso

Y anduve descalzo
En la calle, gritando
Lo que ustedes callaban

Y en vano

Como una tachadura
O un tatuaje, la dicha
Mientras dura

Y el instante, su altura

Los otros, el prójimo
Distantes de mi suerte como
El universo que adoro
Me arruinaron la estima
Me forjaron el odio
Evacuado de mi reino
Habitando un oprobio,
Prófugo de Dios
Sin ruta ni retorno
Confundido, propio
Solo

Agoniza
Mi edad y el miércoles
De ceniza

Ni sincero ni cínico: culpable
Del perdón, y víctima
De mi risa

El cóndor aterriza

Los sueños terrenales
Conquistados y perdidos
Secuestraron mis sentidos,
Banales

Que no, que no sabemos
Ni el martirio ni la gloria
Ni el costo de Dios en la historia
Descifraremos

Eso sí: moriremos

Tú, que no supiste
Y sin una pregunta
Ni dudas, te diste:
Sí, tú viviste

Nadie preguntaba

Se nacía, se amaba

Era respuesta el amor

Había una aldaba

La vida es intratable

Por mucho que le grites
Y te oiga, quién habrá que le hable

La muerte es saludable

En blanco y negro

Como el bien y el mal,
Ciertos

Presentamos el funeral
En colores

                Vean al muerto

Algunos no pueden
Se ahorcan, mueren

Ten piedad, ten piedad

Vienen

En el año que nieve
En la espera que viene
En el arca que tiene

La cara del nene
Me detiene

Yo quiero ser como el otro
Que quiso ser como yo
Y hay el bobo y el loco
Y parece que hay Dios

Tanto desamparo
De otros: mi egoísmo
Como un disparo
Ahorrando de este lado
Un obstáculo al gozo

Nadie se ahorra el desamparo
Ni el santo ni el delincuente
Ni el común ni el que es raro

El desamparo es caro

Y necesario

Si interpretas mi sueño
Encontrarás la mentira
Sin protección ni dueño

¿La conciencia es ceño?

El hombre pobre
Quiere dinero

El hombre pobre
Sufre con menos

El hombre pobre
Seguirá rico
Hasta el cementerio

El cuerpo reclama y sufre
La carne promete e incumple

El alma se pudre

Tendría que tener

Más, algo

Y hacer

Tendría que tener
El ser

O a Dios, tal vez menos
Que ayer

Tengo
De contrabando, y vengo
De aquí, de acá
Para ir allá

Me vengo
De ser y de nunca ser

Estoy rengo

Hecho tan estrecho
Como para renunciar al hecho

Pequeño
Como para requerir el sueño
De Dios

Sentimientos hermosos

Lágrimas quemantes
Como la verdad: puros gozos

Antes

Tocaste donde dolía
Por descuido o a propósito

Cuídate del alma fría

Ahora que el mundo empeora
Cómprame una escopeta, confunde
Retraso y demora

Ahora que el mundo empeora
Dispón la hora

Así que era mentira
La casa, el templo, el fervor
Por el que el vivo delira

Me queda la ira

Pues claro que soy irreal
Ni mis daños inventan
El mal

Soy la sombra del Bien,
Cabal

Aquello que yo quería
Resultó porquería

Lo otro que yo amaba
Se quedó en la cáscara

Yo deseo noche y día

Mi mente es una caja
Vacía.

Sin culpa por haber nacido
Indago el sinsentido

Se ha equivocado el ser

Soy fallido

¿He de pagar la culpa de haber nacido?

¿Y de haber malvivido?

Tanta letra
Frente al recién nacido
Espanta incluso al obstetra
Leído

Callarse aterra

Se cierra, se cierra
El cielo y la tierra
La paz y la guerra
El gato y la perra

El muerto
Se entierra

Devotos de la realidad
Ciertos como una pesadilla
Convencidos de su silla
De verdad

¿Habrá algo real?

Cierto, cierto

Falso como un muerto

¿Sueño?

Espero

Cosas que tienen que ocurrir:
El sismo, el crimen, la guerra
La forma de morir

Noticias del existir

Años…

Desengaños

Extraños

Deseable no, conveniente
La muerte es higiénica, decente

Te encuera, es indecente

¿Cómo muere la gente?

En el último instante
¿Hay detergente
Para la mente?

Distante
La muerte insolente

¿Hay casa para el raro?

Está fuera del astro
Por ser él mismo con descaro

O sin

Permitiéndolo, le matan. Aunque
A veces hay disparo

Al fin!

Qué desamparo

Con los ojos abiertos
He soñado el mar y los desiertos

Con los brazos cerrados
He escogido el error y los pecados

He averiguado el precio

Sigo necio

Doy

Para quedar prescindible
Practico una vocación
Irresistible

Para seguir seguro
Abjuro

Estás ilusionado con la muerte
Manjar de gente famélica

Al fin una experiencia fuerte

La vida de estos días
No siempre es aburrida:
Contiene agonías

La vida de esos días
Prepara alimentos que enfrías

La vida del día:
Alegría

Morimos antes
De ver la nena en cueros
Y el dinero en grande

Morimos antes
Del celular y la micro
Y el amartizaje en Marte

Morimos antes
De seguir adelante

Se hace muy difícil la existencia
Con un par de traidores
Y mis propias carencias

Se hace embarazosa la experiencia
Con tanta mentira
Cierta

Escucho las voces de mis muertos
Más reales que el sueño

Escucho lo que es cierto

Cómo pasó, cómo pasó
La vida que era perpetua y se desvivió
Cómo finalizó

Siguió, siguió

Aquello estuvo bien hecho

Maduro, completo

Pasó, cayó al basurero

El olvido lo haga perfecto

Mírame con el disfraz
Que me impusieron, y acepto
Como un precepto

Juégame el as

Por haber endurecido mi cara
Veréisme en cueros
Con dos sueros
Y una escara

Nunca una muerte que salvara

¿Por haber violado el ara?

¿Habré vivido demasiado?

Los santos no vivieron

Se entregaron

Yo me fui de lado

Tanta gloria fue tuya
Adentro
       Afuera
Había una bulla

Hago esto y lo otro
Y voy de aquí para allá
Y vine para acá
Loco

Es que me queda poco

Tan reales los muertos

Los vivos, inciertos

—Oídos abiertos

Al Ser, que es Amor —yertos

Certezas de la memoria
Adentro

Afuera, la historia
Sin centro

Ahora que fuimos
Dame una razón

Vivimos
Casi con el corazón

Ahora que hicimos

Me dicen que me han visto!

En el pecado sí. Resisto

Mal

    Me dicen que yo existo

Más allá de lo real
La sal

Más acá de lo ideal
El mal

Bendice tus propósitos errados
Te fueron destinados

Agradece la obstinación de tu miseria
Lo ves, la cosa es seria

Careces ya de futuro
Estás cerca del muro

Sáltalo

¿He de obtener recurso?

Denunciando el curso

¿Alcanzaré sentido?

Negando lo creído

¿Estoy discorde?

No, al borde

De tantos cuerpos idos
Una calma me educa
Para ser fugitivo

De tantos cuerpos recibidos

La ceniza
Del cuerpo que fue
Me avisa

La ceniza da risa

La ceniza me iza

Cierto que quise adorar
Falso que admita cesar
Cierto que quiero acabar
Falso que no pude amar

No hay recreo
En el deseo

No hay ventura
En la aventura

Hay censura

Tú eres reo

Me va quedando poco

Le queda poco al loco

¿Te toco?

Es cero, es cero
Como el quiero
O el dinero

Es cero, todo es cero
Para el fuero
De una pizca de fe

Cuánto dolor, Amor

Cuánto dolor sin amor
Cuánto dolor con amor
Cuánto dolor por amor

Cuánto, Amor

El otro que jamás fui
¿Está en Ti?

Ese que no está aquí
Sino en mí

Tu otro
Así

Nada que ver con nadie

Llevo un aire

Solo y hambre

Dime
Si algún acontecimiento me redime

Dime
Si me exime

¿Cuánto amor es suficiente
Para esta gente?

¿Cuánto amor para mí
Ahora, aquí?

Creo en el Amor Ingente

No sé si me perdieron
O si me hice el perdido
Ignoro si me olvidaron
Antes de haberme conocido
Unos me escogieron
Otros me entregaron
Sé que me quise ido

Sabemos que sucedió
Ignoramos qué pasó

Lo que acontece
Desaparece

Se fue sin decir el no

El capullo que quedó cerrado
Por mi mano violenta, está salvado

El capullo creado

Pronto estaremos muertos
Con los dos ojos cerrados
Habiendo vivido tuertos

Pronto estaremos ciertos

Ido

Como lo reído
Como lo aprendido
Como lo creído

Ido

¿Decido?

Lo tuve, lo tuve

Un pedazo del empíreo
O una nube

No lo retuve

Consérvame la máscara

Debajo ni peor ni mejor

Cáscara

Las voces de los tuyos
Que no volverás a escuchar
Desde el fondo llamándote
Del amor habitual,
Están seguras en Dios

Él las oye por los dos

Aún

Tengo vida detrás del ataúd?

Y tú?

El deber de morir
Lo ejercen los santos
Como un ir

Deberes cuántos

Seguir

¿Quién me avergonzó?

El mundo, el gobierno, la gente del no

¿Quién me abochornó?

El yo

Lo que se puede pensar
Me abruma y me espanta
Sin descansar

Lo que se puede pensar
Me enferma el ánimo
                              Prefiero
Amar

En la época en que yo era tierno
Me creyeron yermo

Estoy enfermo?

No quisieron al uno
Ni al otro ni al de más

Si quisieron fue a ninguno

No quisieron y ya

Concluyó el futuro!

Y disfrutas tu presente
Inseguro

Exclúyete del pasado
Frustrado

Mira el tiempo deshecho

No me estoy despidiendo

Te estoy dando una cita
Para ser siendo

La muerte me excita

Sigue lloviendo

¿Alguien fue amado?

A Uno le abrieron el costado

Alguien besado

Aquel a quien nadie quiere
Nadie supo si fuere

Aquel a quien nadie quiso
Se deshizo

Ya pasé, ya pasé

Fui pero qué

Sirve el té

Hubiese querido
Un mundo perfecto
Un cariño recto
No crecer herido

Hubiera querido

Hubiese comido

Si el mundo fuera
Como yo quisiera
Me fuera

El mundo es como yo soy

Me voy

Yo no sé si soñé, si pretendía
Mirar mi rostro en Dios, pero adoraba

Era mejor amar como un estúpido

Supongo que acertaba

Pasé cumpliendo el daño:

Estuve sin estar ni ser

El odio
No me venció el querer

Pero
En el sueño me extraño

De la brevedad, lo escaso:

Un recuerdo
Este acuerdo
El abrazo

De lo fugaz, el retraso

Oigo las voces de la casa
De cuando estaba protegido sin saberlo

Es la siesta: sueño

Despierto
Y estoy ajeno

Y cierto

El mundo era perfecto
En 1900
Para los que tenían dinero

Había belleza, pasiones, genio

Proust admiraba en la calle
                    a un teniente apuesto
Que iba a sucumbir en la Gran Guerra
                        como un perro

Se impone un abusador:
Y es un mendigo

¿También un amigo?

Dolor

Qué cantidad de vida

Invisible, inasible

Alcanzable, desaparecida

Hubo mar y luna

Hubo una vida, una

—Y se extravió

He sido extraño

Me quise bueno y me hicieron daño
Me quise un siglo y he sido un año

Me quiero huraño

Ahora que no entiendo yo doy gracias
De entender que creía
Por el momento, sin desgracias
O eso vuelvo yo a creer. Habría

Suavemente vivo

O sobrevivo

Tenuemente existo

Y resisto

De mi límite cerca
Mi energía es terca

Provisionalmente soy

Me acostumbraron a evitar ser
Quien soy
Y me miro en el rostro de ayer
Como en un antier sin hoy

Ya voy, ya voy, ya voy!

Cómo se murió lo que no fue
Cómo empezó lo que no era
Cómo yo he ignorado lo que sé
Cómo lo de adentro no está fuera

Cómo bebo café

Cómo, cómo

¿Ese fui yo?

El que no reconozco, aquel
Que amó y actuó

¿Soy yo él?

Pasó

Fiel

Lo tiene todo

Ni siquiera alardea, el muchacho es oro

No le falta humildad, será un abuelo
Amado, un patriarca de su pueblo
Y la muerte no le llegará pronto

Y aun parece poco

Todo parece poco

El todo resulta nada, y la brizna
Vacío o sofoco

Todo parece loco

El daño que se me hizo
Fue útil: de ningún modo
Hay aquí paraíso

Y ahora que me escuece
Ese arañazo ¿merece
Que mi rencor le emplace?

Sufrir me libera y me rehace

No estaré, no estaré
Y este esplendor que veo
No veré

Creo, creo

Dame fe, dame fe

Cómo la materia se ha hecho espíritu
Es más ardua evidencia
Que el Espíritu sin materia

Sigo material con ímpetu

De cuanto me maltrataba
En la adolescencia
Pienso, mi conducta esclava

No me valió una ciencia

Haber vivido, sino
Para implorar clemencia

Quise darlo todo

Pero es que no tenía
Sino mi codo
Sin acomodo
En el lodo

Parecía

Soy una llaga

El que me quiera sano
Que me rehaga

Tú eres llaga

Me abandonaste al principio de la saga

Somos la llaga
de Dios

　　　　—Traga

La herida
Inferida

La carne partida
La sangre vertida
Dañada la vida

La herida
La herida

Saber decir adiós
Como quien tuvo un centro
Como quien va al encuentro
Como quien finge voz

Sí, por la tos
Saber huir a Dios

¡Que se acabe, que se acabe
Que se acabe el jarabe
Que se acabe el trabe
Que se acabe el ave!

Ave, ave!

Pasar, pasar sin saber
Viviendo
El bien,
Cumpliendo
Eternidad

No me cansé de vivir
Sino de seguir
Aquí
Así

No me cansé de existir
Sino de verme infeliz

Sin

¡Que viva la Materia
Creada para que subamos
Con el pulso de abajo
Hacia el Espíritu, sin miseria!

Y que siga la Historia

¡Nos vamos, nos vamos!

Por mucho que hayamos vencido
De ninguna manera ganamos

¡Nos vamos!

Hemos venido sin pedirlo
Y en el aprecio de los rumbos
Estamos

¡Nos vamos!

¡Que venga la salud de la muerte
A limpiarme la mente!

Que me despoje del asco del cuerpo
Y del trauma del tiempo
Y del diente

Urgente!

Somos de allá, somos de allá
Y a cuanto me niega el acá
Diga que sí

Muera yo aquí

Déjame decir que no:
Que no va a haber adiós

Déjame saber que estoy
Para ti, para quién, para nos
Con el todo en la nada,
En la nada que doy

Déjame gritar:

No hay final

¡Señor!

Viví, estuve aquí
Por los siglos en que no existí
Por las eras en que la vida resplandecerá
Sin mí
Así

Viví

¡Y!

He dicho las justas palabras
Del amor, de la vida y la muerte;
He venido de todos los rumbos,
Con la desgracia y por mi suerte;
He sido lo que cualquiera, pero
Atento a la realidad que asciende;
Y solo sé que me queda una espera:
Verte

Más allá de lo soñado y lo creído
Estás Tú, el sentido

Más allá del sentido y lo creado
Me he fugado
               He comenzado

He aquí el sentido:
He sentido, he crecido
He creído

Hosanna, hosanna en el Cielo!

He vivido

¡Óyenos, Dios!

Y quede entre nos

Óyenos, Nos!

Escúchame

EL PAN DE LOS ÁNGELES

Para mi ahijado Jorge Luis Porrata.

DEL SER

¿A usted le gusta el bien?

Sí,
Pero no es tan bueno como usted
Cree

¿A usted le gusta el bien?

No, no es un cake

Gústele o no le guste
La noticia es mala:

El
Bien
Es

RAZÓN DE ESTADO

La malicia
Me envicia

La milicia al margen de la malicia
Me oficia

Como soy

LECTOR

¿Ya tú eres tan malo como yo?

Sí, y peor

Ojalá te mueras

Pero que resucites

PEDIGRÍ

Hijo de la simpatía
Tu confianza pasmosa
Me oficia

Estoy como enamorado de tu
Realidad exquisita

El bien más arduo me doblega,
Me decide a tu caricia

Mira
Cómo por tu presencia llevo
Mi muerte ofrecida

SER

Misericordioso, todopoderoso

Imperfectible, creíble

Donado, increado

Inabarcable, admirable

Bendito, infinito

Adorable!

AQUÍ

En mi jardín
La noche sin fin

He aquí la Tierra

Y!

ÁLAMO

1
Álame
En
El
Álamo

H

2
Amo el
Al

Al
Amo

Á

AL!

3
En el tilo

Un tálamo,

Tá
La
Me

4
Tálame un tálamo en el álamo

Álame, álamo

T

5
El álamo ala a la mar
La mar al álamo
El álamo ala al amar
Y el Amo al álamo
El álamo ama al alar
La mar ama al Amo al alar
El Amo ama a la mar

Y
Hala
Al
Álamo

DIETA

Haz
Me

Puré:

Pure

Za!

DEL SUEÑO

El sueño

Es del hombre el dueño

Tú eres el máximo sueño,

Dios

Por eso eres mi dueño,

Amor

ADIVINANZA

Soy
Pequeño

Mi tamaño está en mi dueño

Mi dueño carece de ceño
Conmigo

Es un sueño mi dueño
Y mi dueño es un sueño

Pero

Sin
Ceño

RAZONES

Tómate en serio el misterio:

¿Y para qué esto y aquello,
                    aquella y aquel?

Para amarlo a Él

¿Y para qué la muerte y el día,
                    el gozo y el dolor?

Para amar a Amor

¿Para qué estoy aquí?

Para amarte a Ti

DEL SIEMPRE

El siempre es para siempre
En enero, en agosto y en noviembre

El siempre viene de siempre
Como en julio y en marzo y en septiembre

El siempre pertenece al siempre
Distinto del junio y el diciembre

Se acorta en febrero y en mayo se extiende
Pero el siempre es siempre para siempre

En abril es difícil no creerle

Y en octiembre!
Siempre el siempre

Nunca el siempre

DEL CORAJE

El coraje de amor
Desdeña el dolor

El coraje de amor es un dolor

El coraje de amor
Te levanta hasta Dios

El coraje de amor es del Señor

El coraje de amor
Es una energía como no hay dos

Pruéba
Lo

NI SIQUIERA EL MAR

Ni siquiera el mar

La transparencia y lo radiante
El signo en la tierra
De mi frente
Leal

Ni siquiera el mar

La nube que casi toqué con mis manos,
La unidad
De mi cuerpo en lo alto del agua

Límpida

Rítmica

Real

Ni siquiera el mar, ni siquiera
Vivir frente al mar, ni
Morir en el mar

Voy a morir en el mar

Ni siquiera el mar

REALIDADES

No hay pureza en el alma

Pero mi tía Blanca se llamaba Blanca
Rosa

Me basta

CANCIÓN DE ALBA

Quedarme con las ganas
Y que me encuentre el alba
Saber los rumbos del mundo
Y otra aventura en la cama

Quedarme con las ganas
Porque vuelve el alba

Voy a ausentarme del censo
Secuéstrame con la calma
De suprimirme del número
De la ambición y del ansia

Me quedo con las ganas

Que venga el alba

EJERCICIOS

Cortar la materia fina

Oler la sustancia rancia

La ebullición es un fervor

Y avisa

El asunto es el punto

Mira
Bien

Cocina

SUSTANCIAS

El fuego es brillante
Y es mansa el agua

Brillante es el fuego,
El aire es transparente
Y el agua es mansa

Es brillante el fuego

La tierra es parda

¿Y mi alma?

ASÍ

Un sentido es un misterio
Y el misterio es un sentido

El sentido es del misterio
El misterio es sentido

El misterio se siente,
El sentido es misterioso

Sentir el sentido del misterio es glorioso

Así

SENTADO

He dejado libre al Ser
Y ni un hada ni un monstruo:

Un

Ver

PRESENCIA

Donde estoy yo, estás tú
Donde estás tú, seré yo

De todas partes, Amor

Amor que de tantas partes
Vienes, déjame ir como soy

Voy

PROVIDENCIAS

Me muero yo el inteligente
Y permanece la materia bruta

Absurdo:
Absurda

Hazte la idea de que vas a seguir
Mediocre material inacabable
Hasta la eternidad, como una dictadura

¡Que se mueran la materia y la muerte
Y que siga la fiesta que perdura!

ELECTO

Ninguna perennidad
Mejor breve la edad

Para el asombro y el pasmo,
Que el abrir sea el cerrar

Se nos ha muerto el muchacho

Comenzaba a enamorar

BALCÓN

¡Sábanas
Al
Alba!

¡Altas!

¡Sábanas
Al
Alba!

¡Claras!

¡Sábanas
Al
Alba!

Sábanas

CONFESIÓN

Contigo
Mi
Sino
Es
Himno

ENTRE PUENTES

Contento sin necesidad de alegría
Dueño sin mérito de posesión
Bajo los flamboyanes de junio
Hoy

Para que la muerte me libere
La envergadura que encuentro y soy,
Seguro de mi servicio en el mundo
Voy

GEOMETRÍA

El bien nos avisa:
Que el mal nos cause risa

El criminal se atora de cadáveres, el déspota
Como una dama, vomita

Se ha comprobado imposible prohibir la sonrisa

El bien precisa

CORRESPONDENCIA

Atento a la materia:

La materia me alegra

Azul y blanco y oro
Mi jardín, la materia
Sonríe

Me enseria

ADENTROS

Asoma
El aroma

Mi cuerpo vibra como un alma, estoy hecho
De ondas

Sube, el aroma

Asciéndeme

Ahonda

NEGOCIO

Trabajando en la alegría
Los ángeles me bendicen
Noche y día

Gerente de la producción de belleza
Los santos me reciben
Con una cereza

Obrero de la fe
Terco en el querer
Bebo café

GIRASOL

Hierve
El
Oro

Las Dimensiones de tu Nombre

Adoro

LATITUD

Mi amor es más que mi ser

Porque no es mío, es de Él

Su Ser es más que mi amor

Su Amor es su Ser y su Ser es su Amor

Por eso lo adoro yo

—Estirándome

PLURALES

Azules

Que
No
El
Azul:

Cernirme
En
El
Tul:

TU CAUSA

Que la evidencia me instruya:
El Amor es Causa Suya

Ama, luego existe
Nunca estés triste

Existe, existe!

Es necesario ese Amor

Existe Dios

DEMANDAS

Ay, este amor exige eternidad

No me pide la vida, ni la muerte, ni la edad

Quiere
Eternidad

Amad!

MASES

El más de ahí:

Un colibrí

El más de acá:

Mamá

El más de aquí:

El sí

El más de allá:

¡Ah!

LA CLASE DE ARITMÉTICA

Hay Dios

Porque Tú que eres Tú eres Nos

Porque uno más uno no es dos

Porque uno más uno es el

Uno,

Tres

Es

DOGMA

Porque el Amor es el Ser que Es
Tú y yo somos
Tres

MIRA

Deja ser al Ser que es

Párate de cabeza, mira el piso
Como ahora no lo ves

Tú eres potencia de ver

Esto que es, es

¿Creer?

CUNA

El amor tiene una finura

Y en el niño que sonríe
Figura

El amor engendra suavidad

Y en la hazaña del bueno
Libertad

El amor es delicadeza

Y en la gracia que te hizo
Certeza

CERTEZAS

Mi fe
Es
Una
Maravilla

Sencilla:

Jamás se acabará la
Vida

¡Arriba!

De este lado y del otro:

¡Gozo!

Lo que sufro, perdono

Lo que he vencido: asombro

¡Adoro!

Voy
Hacia la
Fuente
Amarilla
¡Alegría!

Voy a romperme en
Energía

¡Vida!

ONTOLOGÍA

Tú y yo somos uno
Y el uno que somos da tres

Es
Él

Él

Es

Es
Él

Que
Es

Él
Es
El
Que
Es

Soy

Sé

LOGOS

Mi naturaleza amorosa
En el sinsentido y el infierno
Cruza y goza

Mi amorosa naturaleza
Hace el bien, y sin saberlo
Reza

DEFINICIONES

Soy amoroso
De ahí me viene el gozo

La alegría de amar es cabal

Inmortal

Si no fuera mortal me muriera

Experiencia señera

Si no fuera inmortal no naciera

Y

Nací

Invisible,

Hasta la identidad de la causa

Imperdible

Creerme!

Tú me has creado en esta fe

Defiéndeme

MISA

Tenga yo abrigo
En el trigo

Y en el vino

Tino

O ninguno!

CON EL AMOR

Con el amor hasta donde pueda

Con el Amor que puede

Con el amor hasta donde él quiera

Con el Amor que quiere

Con el amor hasta agotar mi suerte

Con el Amor que es muerte

Espéralo

TRIBUNAL

Hay que ver
La multa que pagamos para
Ser

Pero
Hay que ser
Y
Hay que ver

LA COTA, LA CUOTA

Me quieres esforzado

Y

Discreto de amor, Amado
En la mañana del Domingo
Sólo este fin distingo:

¡Ser, ser!

Sonrisa
Es
Caricia

Hasta el fondo de la sonrisa
Y que la realidad lo permita

El pozo de la sonrisa
Y el agua que nos invita

La realidad de la sonrisa:

Sujétala

Por la avenida de la Libertad
A la Plaza de la Caridad

Subiendo:

Ciudad de Dios!

Ciudad!

TRINCHERA

Pobrecito el mundo
Procurando que yo sea
Su propio fracaso rotundo

Resiste mi delicadeza
En la barbarie que me acosa
Mi alma en sí misma reposa

Soy hijo de la belleza
Y en el bien que me arrasa
Mi alma pasa

Entera

PROPIEDADES

El amor es salvaje

Me inspira el tigre de Bengala
En su jaula de viaje

Dios es salvaje

Me ha infundido este arrebato
Y el traje

MEDIODÍAS

Despiértame a la luz
Tú que me diste en mis días
Cruz

Despiértame a tu luz
Que en la calígine me busco
Aún

HE SIDO

Ciencia
De
La
Adolescencia:

Esencia:

¡Ser!

Soy
El prodigio de ser
Hoy

Mañana:
Pregunta temprana

Ser
Ayer

¿Fue?

Ser
Ayer:

Pertenecer
Al

Es

CURA PELIGROSO

Para la perfección de no pecar
Aprende el arte de no amar

Te vas a salvar

EL NECIO

Que no hay eternidad,
Sino
La agonía de amar

Que no hay eternidad
Sino

El mar

Inmóvil

En su sitio

Mismo

Oleando, oleando

El mar

Que no hay eternidad
Sino amar

LO HACEMOS

A menos
Que amemos
Dolemos

Si amamos
Saciamos

Al loco y al pobre queremos

Adoramos

DOCTOR

Hambriento de dulzura
Me receto una taza de acíbar
Y preparo la sutura

Sin cura

CONDUCTAS

El alma clama

La llama abrasa

El agua arrasa

El arpa calla

El ala acaba

Calma

¡Ah!

ESPEJO

Habito
Un
Grito

El delito de ser
No evito

Pecas,
Rafaelito

PROXIMIDAD

La carencia de cada cual
Y la exuberancia del Uno
Me constituyen tribuno
Habitual,

Del Verbo que es acción caliente
Moviendo al Cielo y a esta gente
Presente,
Central

DIALÉCTICA

Amando porque sí
Los sustos del no
Se vuelven sí

AL ESCONDITE

Tengo
Un
Deseo

No hay para mí recreo
Fuera de este

Aseo:

Miro allá, más allá, y creo
Encontrarte al fin, pero

Nunca te veo

ARISTOCRACIAS

Soy siervo del Amor amando
Y en los rumbos que me agitan
Estoy sobrando

Me determina el gozo
Y en homenaje al Amor
Sufro
Mucho
Y
Poco

Soy libre en el amor que adoro

AL MANSUR

Victorioso
Por la gracia de Dios: creo
En el Amor, y gozo!

MI TÍO EMILIANO

Hay un poder en la agonía:

El miocardio que batalla
Y de un golpe colapsa
Al mediodía

Ese poder de la agonía
Nos guía

AHORA ES SIEMPRE

El siempre es ahora
Y en el abismo de la pérdida
La eternidad me nombra
El siempre es ahora
Porque en el arrojo de perderme
Mi deber te adora
El siempre es mi deshora

La Vida demora

CANTIDAD

Quiero
Más
Ser

Como me lo promete
Ayer

Quiero
Ser
Más

Y en la eternidad tenerte
Además

TRAIDORES

Para querer la nada
Me han dispuesto en la piedra
Almohada

Querer la nada es nada

Mejor dame una fiesta
Que se parezca al alba

VECTOR

El
Ansia
Del
Alma
Es
Alta

El
Alma
Del
Ansia
Es
Ala!

EL LÉJIMO

Al prójimo como a Dios
Le debemos el ser mismo
De amor

En Dios como al prójimo
La angustia de uno mismo
Es la salvación del otro

El prójimo como Dios
Estuvo aquí

Maravilloso

CUMPLESIGLOS

Ha llegado marzo
Y me siento más alto

¡Que reine el 24
Y me halle parco!

HEREDAD

Tú
Tienes

Tú
Tienes
El
Tengo

¿Qué tiene el tengo?

El tengo tiene un tengo

Yo no tengo nada y por eso
Me vengo:

Carezco

—Me entrego

AHORA MISMO

Quisiera
Modo de amar
Que fuera
Honrar la inmensidad

Se siente

AUTOR

Porque Tú has vencido a la muerte
Mi suerte
Me es vida

Porque Tú has creado mi herida
Soy fuerte

VIRTUALES

En el tanque de agua
Miro
El reflejo
Del cielo
Y veo
El Cristo,
El alma

OPERACIONES

El amor no pasará

Y en la confusión que acepto
El amor está

El amor venció

Y en las cruces que me salvan
Grito yo

PODER

El alma duele

Y por ese sufrimiento
En la duda, cree

TIBIA Y PERONÉ

Soy superior a mi huesa:
Este paréntesis de luz
Despereza

Sea mi victoria esa

HITO

Existo
En
Cristo

Existo
En
Cristo

Y

Desisto

Existo
En el amor de
Cristo

Insisto

Asisto
En
Cristo
Al
Sismo
De
Mí
Mismo
Y

Resisto

El mito de Cristo es un hito

Bendito

LA TARDE

Que siga el oro, que siga
Y venga la muerte amiga

Que siga el oro diciendo
El prodigio que es tremendo

Que siga la vida ardiendo

CONSTANCIA

Para que se ensanche nuestra conciencia
Cuanto no entendemos
Se nos encima con violencia

Mi estupidez es tu evidencia

Pero nos queremos

Piensa

LO SABEMOS

Promotor de justicia
En la verdad de la caricia

IGUAL

Por apego del momento
Traiciono la alegría
Del sentimiento

Siento
Cómo mi hora pasa

No, es el viento

PALADEO

La
Prisa
De
La
Brisa
Me
En
Vi
Cia

LOS MÍOS

Han vivido una vida corriente
Y fueron santos sin saberlo

Han vivido una vida doliente
Y lo saben

Han vivido amables

Vivieron

CON CUIDADO

La palabra de Dios que es amor
El amor que es palabra de Dios
El silencio de Dios que es dolor

Os

HAGO CONSTAR

Lo que siento
Es
Portento

PERTENENCIAS

Soy de usted

Soy de usted
Por la sed

Soy la sed de usted

Soy la sed en usted

Soy del tú

ALGO

Nada que decir, todo por callar
Algo por creer:

Amar

TODOS PARA UNO

Incapaces de amor y enamorados
Por la cuota de amor disciplinados

Impávido

ASÚMELO

Viviendo
Hay
Dolor

Que el dolor sea
Por amor

Queriendo

LO QUE SEA

Por el ministerio de la entrega
Mi día brega

Intento
Darme
Con un sentimiento
Completo

Fuego?

LIBRETO

Por
Cada
Una de las
Palabras
Con que me salvas

Canta
Mi
Alma!

ARREBATADO

Fiebre
Y
Sangre
De inocencia

Y tanto blanco como un universo de
Gardenias

Tu santidad me lleva

YO SOY CUBANO

¡Que me salga del alma
El júbilo de mi raza!

¡Que me lleve el amor que arrasa!

POR AHORA

Obligado a esperar todo el bien
Soy de la esperanza
Rehén

¿Quién?

VISTA

Sirio…

Como
Un
Cirio

Asirio?

MENTE PARA ESO

La materia es extensa
Intensa

Piensa

POR QUÉ NO

Intento
Mi existencia como un monumento
Atento

Atento,
Mi existencia como un monumento
Intento

LOCURAS

Mi actitud
Fue
Una aptitud
De salud

PEQUEÑA TAREA

Mi cansancio, y mi empeño
Por la realidad de este sueño

Tú eres mi dueño,

Dios

EN EL TEMPLO

Estoy
Oculto

Estoy
Oculto
En
El
Culto

Adulto

GRAMATICALES

Tú
Eres
Mi
Vos,

Dios
Tú eres mi Os,

Nos

PERO SE PUEDE

Si quieres tanta vida
Hazla comprometida

Si quieres vida tanta
Que sea santa

Y herida

DIECIOCHO

Era
La primavera
Blanca

Flores de mariposa, gardenias
Iluminaban la casa

La lluvia esculpía mi cuerpo de atleta,

El agua

Rápida

EL AS Y EL MÁS

Quise agarrar el
As

Más!

Quise agarrar el
Más

As!

Hay
Más!

Detrás

Haz
Más!

Tú eres el As
Que has
Hecho el Más
Que me haces Más
Que eres el Más

Haz!

LÓGICAS

Si quieres ser el primero
Sé el postrero

Si quieres estar entero
Hazte un cero

BOREAL

Estoy en mayo, en mayo
Expuesto como el rayo

Estoy en mayo a caballo
Entre el destino y la alegría

Estoy en mayo en la porfía

En mayo estoy y estallo:

SOMOS NORMALES

Mi hermano el abad contemplativo
Me oye exclamar como un chivo

No le asusta el animal
Malherido

CÓMO NO

El Amor es amable

Permanezca yo estable
En lo amable

Y que el Amor me hable

PIRÓMANO

Ordenaremos el universo
Para que la gracia triunfe
Y el Espíritu esté cierto

¡Fuego!

LA TENDREMOS

Para mis hermanitos
Quiero yo ahora una casa sin fin
                              en el infinito

Y vivirla muy juntos

Apretaditos

COMPLETAMENTE

La vida en plenitud

Con mucha salud

La vida en el azul

Sin ataúd

La vida en mi virtud

¡Tú!

CATEGORÍAS

Que el sitio del estar
Sea
El sitial de amar

SI ME ATREVO

Gracias, Creador,
Porque me hiciste un príncipe
De tu condición

Voy a entregarme hoy

DAR EL DON

Dar
Por
Dar
Dar por darse
Dar
Por
Empezar
A acabarse
En
El
Don

Dar el don,
Dar el don con el alma,
Con la mente, con el
Corazón
Dar el don de vida hasta la
Pasión

Dar el don de Amor

Darme
Al
Dador

Que me quiere dado,
Siervo y señor

Darme al Dador con un calor
Mejor

Darme al Dado como un dios

NECESITO UNA CITA

Necesite yo el fin
Como una corona
O como un peluquín

Necesite yo el fin
Como un sábado impropio
Y un domingo afín

Necesite yo el fin
De creerme empezando
O acabándome en mí

Necesite yo el fin

Por Ti

VACACIONES

¡Y la espuma en la playa!

¡Y la tía Margot, y el primo Carlos,
Y una nalgada
A mi hermana!

La Habana

APROVECHA

Directamente

Desde todo lo que has hecho en mí

Una
Energía

Viene!

PEDACITO DE TI

Quejarme
De verme
Un adarme.

Como si no fuese un darme.

Serme!

Ser
Un
Adarme

Y

O

Un
Darme
A

EN CASA

Quiere regresar a Resistencia
El viejo Pito, su finca natal

Nací en esta casa donde lo custodio

Estamos, está

Que nos resguarden nuestros
        Santos Patronos:
Por el nombre de Pito, Miguel
Por los de Ráfaga, el Médico y el Fuerte

Los Tres Arcángeles:

¡Que venga Él!

CALCULANDO

Una vez y otra vez y otra vez

El Más que es Tres

Una vez y otra vez y otra vez

Siempre hay sed de ser

HASTA QUE

Constante en el bien
Y en el bien avanzando

Hasta cuándo
Usted

CON TODO

¡Adoradores!

¡Calientes los líquidos sustentadores!

¡La inteligencia más allá
     de lo que no tiene nombre!

¡Adoradores!

Señor

RÁFAGA CERO

Céfiro del ser tampoco soy
Si con tu intensidad
Me doy

SOY ASÍ

Doy lástima de ser fino y bueno

Palabras en el cieno
Como un trueno

EVIDENCIAS

¡La hermosura está aquí!

Mi proeza en la nube que pasa

Construir el Reino y mi casa

¡Sí!

EL CRITERIO DE LA VERDAD

A la profundidad de la existencia
Por el júbilo que es ciencia

Viendo
Y
Creciendo

Y en el azoro seguir siendo

ES Y ES

Es y será sin estar
Es y será para amar
Es y será pero está

Amores Es y Es Amor

TE HAS DADO

Me vas a servir la mesa
Con la Cena que no cesa
Y esta naranja, presa
De su ser —expresa
Ahora, para mí

PRIMOGÉNITO

De lo Tuyo, altivo
Guardián
Vivo

CARPE DIEM

¡Ensaladas!

Y que estén decoradas

¡Y que salte el gimnasta!

ÉPICA

La bravura de estar siendo

Creyendo

Ser estando en el Centro

VIRGEN

¡Que seas tú la rosa asombrosa!

Madre, y a lo alto la honda

ESTANDO

Nunca somos tres

El Amor es

—Pero me ves

NOMBRES DE ARCÁNGEL

El Amor me es fiel,

San Miguel

Mi problema es que yo no creo en Él

Pónmelo en minúsculas, a ver:

El amor es fiel

ASÍ SOY

Manso, y sin orgullo
De lo Tuyo

Mi arrullo

CLARO QUE NO

Los tesoros de Dios me arrebatan

Los tesoros de Dios son de Nos

Yo soy yo, pero

Yo no soy yo porque

Soy

OTROSÍ

Nosotros
Los otros

Te amamos, Dios

Nosotros el otro te amo

Nosotros los otros amamos

Nos

EXTRAVÍO

Idea
Ideal,
Natural

En la realidad
Perdido
De verdad

Ver
Lo real:

Sobrenatural

Ángeles

EN EL LIBRO DE LA VIDA

Inexorable, porque es lo mejor
Lo mejor mío es indomable Amor

Indetenible, porque está y es hoy
He sido escrito para salvación

EXPERIENCIA

Lavado por la abundancia
Se aquieta el ansia

Salvado de exuberancia
Están abiertas las ventanas

Calma:

¡Armas!

SUMANDO

Me queda poco
De estar loco

Cualquier sofoco
Aboco

TRES

El Uno es el Nos:

Vos

VERBOS

He aquí la omnipotencia del Señor:

Yo soy

He aquí la misericordia del Amor:

Aún estoy

HAMBRE DE BLANCO

Hambre
De
Ángeles,

Ámame!

¡Blanco
Hasta
Lo
Alto!

Desde lo alto el blanco
Anegando

Liberando

Blanco!

REAL

Profundidad de la sonrisa

Desnudado en el bien, el ser

Se irisa

CERCANÍAS

Hasta la Luna voy en mula

Con el Sol juego voleibol

Contigo, la uva y el trigo

APERTURA

Ven, Salud

Todas las esquinas del universo

Y

Tú

DISYUNTIVA

El cielo es el vuelo del suelo

No, no

El suelo es un vuelo del Cielo

SORPRESA

Una suavidad de estar
Como el mar
Una facilidad de amar
Acá

Un júbilo de hallar!

PROYECTO

Vivir con la confianza de ir a verte

Morir con alegría

Seguir con la experiencia de tenerte

Día tras día

SÍLABAS

Mi Dios es Amor
Y el Amor es mi Dios

No estamos juntos sino en
Un
Nos

Unos nos amamos yo

Porque Amor es mi Dios
Y mi Dios es Amor

LEALTAD

Horas callando y oyendo:

El día creciendo

Días creyendo

NORMAL

Cierta cantidad de sonrisa
Esencial en el bien
Me abriga

NI SABERLO

Pues no sé cómo, pero soy feliz

He fracasado pero creo en Ti

Así

MULTIPLICADO

Cuando yo sea tres
Me sentiré un nueve
Y un treinta y seis

Cuando yo sea ser

DE FRENTE

Yo soy hijo de Dios
Coronado en el cielo
Por Vos

Por la frente voy

QUIT UT DEUS?

¿Quién como Dios?

¿Quién como la vida
Que tengo en el Amor?

Sí, Señor

HAY QUE VER:

El hambre de conocer
No me ha hecho ser

El hambre de ser
Me hará trascender

De ser
Al Ser

Habrá que ver

IGNORANCIA

Nunca supe por qué
Pero yo he vivido en serio
Encarando el misterio
Que es usted

MALICIA

Soy defectuoso
Pero
Así mismo soy gracioso

Pruébame

VOCACIÓN

Yo estoy enamorado del Amor

Lo siento, lo llevo, lo protejo

Soy yo

Yo estoy enamorado de tu amor,
Amor

Cómo no

PIDO BENDICIÓN

Amor, a los pequeños
Consúmales los sueños
Tímidos
Y buenos

Amor, a los pequeñitos
Hazlos benditos

ELSINOR

Ser o no ser no es dilema:

Yo soy, ya sé:

El tema
Es crecer
Hasta la cumbre que extrema
La fe

BASTIMENTOS

La cuota de Dios, el infinito
Me mantiene en la entrega
Como un niño exquisito

Vivo pobre de amor
Excepto que estoy con Vos

Voy escaso de abrigo
Porque soy tu testigo,

Amador

LA HOJA DE LA YAGRUMA

Ves
El universo

Enorme como es

Su anverso:

Un

Tres

BOMBERO

Para arder
Como un ser,
Para ser
El arder
De ser
Del ser,

Querer

PARTE

Mi mente está en otra parte
Cuando me hablas del sexo
Del dinero y la fama y el arte

Que mi mente sea parte
De tanto

Y que se aparte

BONDADES

Qué bueno que yo soy la nada
Para completar el infinito
Qué bueno que estoy circunscrito
Para estallar como una granada
Roja, en mil semillas sagradas!

HOY

Cumplo Tu voluntad
Pero dame un respiro
Por la edad

Que alguien me venga a amar

CREO

Creo en lo que no veo
Porque no creo en lo que veo:
Es falso este paseo
Sin recreo

Creo en tanto como sueño

Espero

AND WHEN THE SAINTS
              GO MARCHING IN

                              (Louis Armstrong)

Hasta donde lleguemos

Con un pedacito de santidad
Y un memorial de vicios irredentos,

Entraremos
A la vida futura,
Segura

Marchemos!

THE EAGLE HAS LANDED

La semilla del palo hormiguero:

Un helicóptero de tres aspas

Gira rauda
Y sube y viaja
Y aterriza suave en el potrero

Búsquenme al ingeniero!

POSIBLES

Calculemos: el mínimo
¿Será lo máximo del Máximo,
De la omnipotencia un ejercicio?

Me tocó este servicio

DESTINOS

Por delicadeza
Yo perdí mi vida

De antemano perdida
Y sin esa belleza

15 DE JUNIO, 1951

(San José, La Vigía)

Se casaban mis padres

La virgen y el hombre avanzaban
Dividiendo la nave

Sesenta y tres años

Antes

ESPEJUELOS

Con los ojos de Amor
Ves grande lo pequeño,
Y el imposible, el empeño
De hoy

PASAPORTE

Ciudadano del cielo
Me exilio en la patria,
En el mundo y su celo

Ciudadano del cielo en el suelo

Hay consuelo

OBREROS

Amor, mira mis niños
Leales y geniales
Construyendo mis reales

Amor, dales cariños

TRIUNFADORES

El triunfo
Es un abuso

He triunfado y soy un intruso
En el proyecto de Dios

                    Obtuso
Me impuse

—Nadie me excuse

Rehúso

LLOVIENDO

Yo
Viendo

PELIGRO

De más a más
Matándome con un menos
Igual

Perdón, Más

—Piedad

EL CAMINO

Vasto como un grano de comino

Pero el comino huele y sabe, es fino

EL COBRE, ORIENTE

El paisaje me atrae

El paisaje me trae

El paisaje es mi traje

CAMPOSANTO

La ceniza
Del cuerpo que fue
Me avisa

La ceniza da risa

La ceniza me iza

NO ES

¿Es
Poderoso
El oso?

Es delicioso

¿Es
La gaviota
Ligera?

Es señera

La muerte,
¿Es fuerte?

Inerte

MI NADA

Mirando el final, Creador
Mis santidades
Fueran las variedades
De lance y de error

Por ti mi nada es valor

EL OTRO

Mi mejor amor
Es todavía un cero
Frente a tu poder, Creador

Tu Ser es Otro Amor

YERROS

Te encierras
Por eso yerras

Esquivas las cruces
Por eso te reduces

Si te entregas
Pronto llegas

Al Amor

DUDA

Duda de la fe

Duda del café

Duda de la duda

Y

Sé

CANON

La vida es imperfecta

¿Es curva o semirrecta?

La vida es abyecta, infecta, desafecta

Mi vida es dilecta

FECHA

La muerte será mañana

Con un ticket para el cine
Un sobre y una campana

La muerte será mañana
Habiendo pelado la naranja

La muerte será mañana
En confianza

CONCIENCIA

Cuán inmediata la existencia

O cuán intensa

—Con ciencia

ENIGMA

Ahora que ya me fui
Pero me sigo quedando
Parece que estoy aquí

Sigo así

FILOSOFÍA

El Amor no me explica el misterio

El misterio de Amor es en serio

Para gozar

RESPUESTAS

¿Hay una armonía para mí?

Dice el diablo que no,
Dice el ángel que sí

Hay una armonía para mí

Resido en Ti

DEL TIEMPO FALTO

Tú no tienes tiempo:
El tiempo te tiene a ti

El tiempo es bruto: pretende
Que olvides por qué estás aquí

Úsalo para hacerte eterno
Y bébete una copa de anís

DE ARRIBA

La nube anduve

La nube

Me sube

MEDIANOCHE

Me desvela
La candela
Del cielo

Por el cielo me desvelo

PROCESOS

Si sueño
Me empeño

Aunque no cedo
No puedo

Cuando respiro
Me inspiro

—Y a soñar

AL MAR

¡Al mar, al mar
A ver lo real
Estar!

El cielo es color, mintiendo:

El mar está siendo

—Viniendo

¡Al mar, al mar
A ver lo real
Llegar!

EN HONOR

En honor
Del Amor
Sé mejor!

En honor
Del Mejor
Sé un amor!

SITIO

¡Paraíso, Paraíso!

Estoy donde Amor me quiso

¿Para quién? ¿Para Él?

Aquel!

PENSADOR

¿Me hace falta mente?

Me basta con el Espíritu
Sonriente

La mente doliente
La mente indolente
La mente indecente

¿Hace falta mente?

URGENCIA

¿Necesito gloria?

¿Necesito un pedazo de historia?

Necesito este dato:
Un mandato

Acompáñame un rato

GEOLOGÍA

Así me extingo:
Voluntad en la fe
Discreto en lo que sé:
Viernes como domingo

MIRAR

¿Por qué no veo el mar?

El mar en tierra adentro está a mi lado
El mar en la llanura está cifrado
El mar en el planeta está encerrado
El mar se va y está

¿Por qué no veo el mar?

FÁBRICA

Venimos del jardín

¿Será el fin?

Horizonte o confín

NEXOS

El sexo
Es un nexo
Interior

El nexo
Es un sexo
Exterior,

Mejor

SI

Si sufro
Aburro

Si me duelo
Hay duelo

Si grito estoy bendito

CANCIÓN DIFÍCIL

¡Que vuele, que vuele
Que vuele lo que duele!

Y que mi muerte
Acierte

ALMAR

¿Almas?

¿Almas almas?

Almas almas si amas almas

¿Amas almas?

TERAPIA

¿Es esa
Tu tristeza?

Cuéntame cuánto te pesa

Prueba una cereza

DE MAR

De dónde llegas, mar?

Este no es tu lugar

A dónde alcanzas?

Juegas, danzas?

A dónde vienes, mar?

VÍNCULO

Si Dios es sombra
Mi Dios me asombra

Si Dios es obra
Mi Dios me nombra

Si Dios es roca
Mi Dios me toca

VE

Ve al mar!

Ve al mar
Con el Ala de Estar

Ve al mar a alar

Ve al mar
Con el Alma de Alar

Ve al Mar a Almar!

DE LA LUCHA

¡Cuánta lucha!

Para instalar una ducha
Para comer una trucha
Para lograr una escucha
Para humedecer la brocha

Coge la mocha

COMPAÑÍA

Si tengo un amigo
No hay castigo

Si tengo castigo
Hay un amigo

Si tengo un amigo,
Sigo

ELE

De mal llegar
Llegar al mar

PERO

Dicen que yo soy sincero

Yo sé que soy un fraude verdadero:

Con la verdad

Muero

MAÑANA

Otro universo como un jardín

Sin fin:

ABRIGO

Yo del tiempo soy testigo:
El tiempo ha sido mi amigo

En el tiempo yo he crecido
Para la integridad de mi sentido

¿Fin del tiempo?

Abrigo

JUVENALES

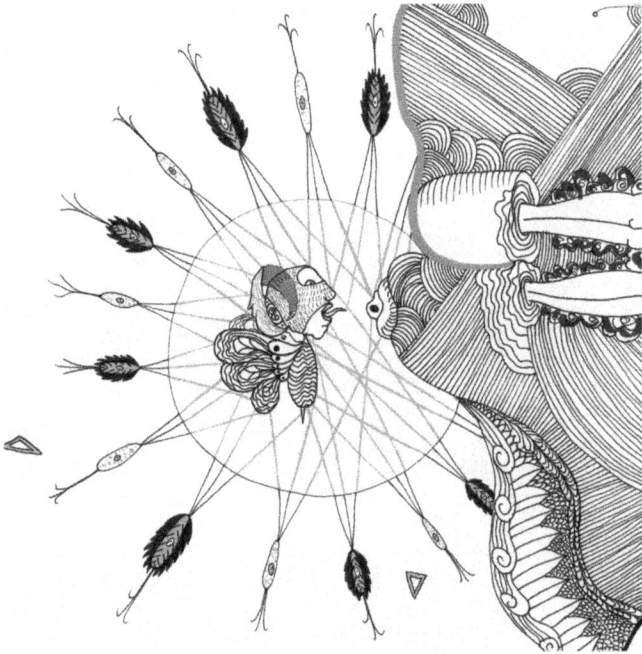

A Eudel Cepero, satírico.

Me rebajo
Hasta el
Carajo

Me he puesto abajo
De mí mismo, con
Muchísimo
Trabajo

Tengo peste a grajo

Adelante, mercaderes
Que adoráis el planeta
Para sacarle el zumo

Deteneos, políticos
Que propagáis las taras
Del universo tísico

Sigue, mundo

Mira al héroe clásico
A la puerta de su cementerio
Mostrando el miembro elástico

Mira al hombre típico
Envainado en su escroto
Gozando un triunfo pírrico

Mira a la mujer física

Oh, mercaderes
Estáis de vuelta con todos
Vuestros cálculos
Fraudes
Créditos
Poderes!

La bida e silbal
La bida e tenel
La bida e gozal
La bida e metel
La bida e sin mal

Mi vida es la política

La vida es crítica

Hay vida en la fornicación

La vida es confusión

Mi vida es el negocio

Me enferma el ocio

La vida eterna es externa

X

Que viva la canalla
Que gobierna el mundo y nos quita la playa

Que viva la tralla
Que siempre está dispuesta a pasársenos de raya

Que triunfe la canalla

Métele metralla

Ese tipo es un habitante
—decía Emiliano, del hombre
Holgazán, irresponsable

Yo habito constante

Míralos que malos son
Y alegres en su maldad:
Son peores que la vulgaridad
Y listos como un ratón

Sírveles un trago de ron

Te daremos tres tazas
Y te cogeremos las nalgas
Para que te enteres de que tienes ganas
De seguir siendo malo. ¡La tranca!
.

He satisfecho mis deseos
Los feos
Y los hermosos
Como el más astuto de los locos

Me odio

Te degrada
Esa
Mirada

Te mengua
Esa lengua
Depravada,

Camarada

Déjame labrarme un tatuaje
Que me quede más propio que un traje

Dame un tamaño de ultraje
Que me saje

Y me libere

Los ricos
Ahorrando

Los pobres en el despilfarro

Y yo escribiendo,

Cantando

Cuánta persona recta
Exhibe una vida perfecta!

Y es cálida como una rana
Infecta

Las mujeres de mi casa
Portaban el corazón como una brasa

Las mujeres de mi casa
Se daban

Rehusaban ser hombres

Les gustaba su bata

Las mujeres de mi casa me amaron

—Esta es un macho tralla

El sabio encuentra para cada cosa
Una completa explicación misteriosa

Soy un mono último que ha inventado a Dios

Cuán sobrantes los dos

El gato aspira al pescado
Mi muerte sueña con Dios
Y para respirar bajo el océano
Tú y yo

Sírvele la cherna al misu
Cómprate una escafandra, o mejor
Quítateme del medio, que
Me estás robando el sol

A los príncipes de este mundo corresponde
                              el dominio de la Tierra
Los príncipes de este mundo hacen la guerra

¡Cierra, cierra!

No la hermosura sino la fealdad
Es la divisa de esta edad

No la salud sino la enfermedad
No la dolencia sino la maldad

Esta gente está loca de verdad
Esta gente está loca y sin verdad
Esta gente está loca de mentira

¡Tírale una trompetilla!

Que se vayan, que se vayan
La manta y la raya
El mango y la papaya
El pantalón y la saya

Que se vaya lo que me raya

Solavaya!

Nene

Tienes
Un
Pene

Tienes un pene de madre
Tienes un pene de padre

Tienes
Un
Pene,

Nene

Los profesores de literatura
Disfrutan una sinecura

Los escritores de literatura
Sin cura

Escriben como una sinecura
Para otros profesores de literatura

Y cómo abundan!

El universo
Es
Perverso

Para defenderme me he comprado un
Perro

Violento

El necio no tiene precio

Yo te aprecio

El tipo se siente lindo y es rico

Yo nunca fui valido, pero me pregunto:

¿Todo y tanto y demasiado chiquito?

Yo no auspicio el vicio

Me desquicio de oficio

Culto

Adulto

Inmundo!

¿Hay trova sin traba
Y jeva sin jaba?

Hay sociedad

Y rabia

El descaro es humano

La virtud, un ataúd

El marido de mi mujer me hace feliz

Me encanta su nariz

Es placentero ser ateo

Jamás se entera uno de que es feo

Dios no es mi espejo:
Me estoy poniendo viejo

Yo prescindo de Dios

Lo que tengo es la tos

Claro, claro

Tu descaro es caro

El mío, barato

Claro

Desfachatado

Presente
Presente
Para el trabajo del diente
Indolente
Inclemente

Cuán ridícula la dulzura
Y qué actual la tortura
De ser malo en la altura

—Bájame

Entre el Estado y el Mercado, el Crucificado

Ambos le estafan el Paraíso

Hay un poder que me viene de Dios,
Y tú me invitas a tu feria hoy

Llevo un poder que responde ante Dios

Y

No te lo doy

La moda es un disfraz

Por delante como por detrás

Por mi modisto, existo

—Al ras

Y tuvieron el todo
En el acomodo

Y fueron felices
Y comieron perdices

¡Animales!

Hubo:

Comía en cubo

Tuvo

Sois vulgares normales
Sois humanos: animales

Nunca cabales

Estoy apartado

Incluso del sarcófago sigo
Escapado

Hazte a un lado

Los partidarios de la muerte del alma
Carecen de calma

Creen que no son alma

Y se aprestan a matarla

El asunto es que puedan

Allá tú que eres perfecto
Yo soy un defecto

Para lo que me falta
Me deja con hambre el universo

¿Te gusta el planeta?
Como una maleta

¿Vas a salir de casa?
Me atrasa

Algunos fueron a la Luna
No en mula

Es curvo el espacio,

Y el topacio

Mi mayor delito:
Nacer exquisito

Odiar el tumulto,
Mi mejor insulto

Amar a la gente

Indecente

Ropa
Rota
De moda

La oda

Romántica,
Boba

Ni escoja

Me esmero:

Lo mío, primero

—Cerdo

Mostrarme en cueros
Fue un acierto
Del tiempo

Joven

En la piscina parecía un obrero

Se declaran satisfechos
Con la botella de ron
Y el pedazo de cerdo

Qué bendición

—Puercos

Se merecen el mundo
El mediocre y el bruto
La mentira y el susto
El soborno y el hurto
Y el criminal de turno

Se merecen el mundo

¿Y tú?

Estoy tan impropio en la foto
Como si alguna vez hubiese adquirido
Una moto

Siempre fui roto

Dime si tú eres cherna
Porque yo soy ganso

Mi amigo es pájaro:

No toca la tierra

Voy a preparar café
Para despertar, y un té
Para dormir

Mañana aprenderé a vivir

Con un fragmento
Del alma, me amaste:
Con la mitad humana

La otra te ha tatuado las nalgas

Somos el pueblo bendito
Compramos la muerte y vendemos delito

Somos el pueblo precito
La tralla y la roña y el mal apetito

Somos el pueblo proscrito
Buenamente del cielo. Se oye el grito

Somos el pueblo maldito,

Pobrecito

Normal

Como un
Animal

Tal

¿Cuál?

Diestro y pelotero

El orbe es de ellos

Sé grosero:

Déjales el bocado
Íntegro y fiero

Abajo
Está
El
Carajo

Y la cosecha del ajo

Abajo está un
Trabajo

Me
Rajo

Pipo es un tipo
Arquetípico

Pipo prefiere lo hípico

Jamás tuvo hipo
Pipo

Pipo es un papi
Ríspido

Pipo es un tipo

Dame un enterramiento
Para dejar de mentir
El intento

En tierra miento

Y en el Cielo diré toda la verdad

Este tipo es ingrato
Como un gato

Este socio es diferente:
Maloliente

Este hombre es un ente
Deficiente

Vive enfrente

He visto caer a tantos
Que ascendieron con gloria
Que se creyeron santos

Del criminal, ni memoria

Derechito, derechito

Sin mácula hasta el in
Finito

Un mito

En el que crees tú

Prepárate para lo que viene

Ahora sí que van a abusar de ti
Como si no fueras el padre de tu nene

Te apena tu pene

Si usted tiene pene
No se apene

Cómo me hirieron

Satisfechos de sí,
Me perdieron

Yo los perdí también

Qué bueno

Si usted lo que tiene es peine,
Reine

Con qué odio me miras
Señora perfecta
Poderosa y fría

Lo tuyo con maña, y el resto
Que exista

Eres vengativa y recta

Tanta superioridad me admira

Me disgustan los tibios
Y para qué castigarlos
Con un rabo
Encendido

Calcula los fríos

No le pongas la tilde
Al cuadrúpedo
Que es una criatura humilde,
Terrenal por atributo

El bípedo sin cielo es el bruto

La gente malosa
Posee el dominio de la cosa

Goza
La gente malosa
Del astro como la osa
Cuando recibe al oso

                Destroza
El sueño, el cariño, la loza

La gente malosa

Me acosa

Cada vez más cerca de mí mismo
En el abismo,
Pregunto por el otro

Sí, ya cae

Es cómodo

Se nos acabó la cuerda
De ser jóvenes y bellos
Y estamos hechos mierda

Ellos

Heme como un garabato
Paseando por las ruinas
Con un desacato

Siendo perro y queriendo ser gato

Aunque sea por un rato

He aquí a la policía
Del sexo, averiguando
Si la tienes fría

Pero siguen templando

Les faltó piedad
Con los que abajo estaban, y ahora
Piden caridad

Desde arriba, en verdad

Yo que no sé nada de mí mismo
Me pregunto si me agrada mi autismo
O si como mierda

Es que vivo en la Tierra

Con cuánto elogio mayor
Me ofenderán, y he de rehusar oírlos
No porque me hayan confundido
Sino porque los ángeles mienten mejor

He aquí la sociedad de la malicia
Generando milicia:
La majestad del miliciano
Del trabajo del ano
Que conquista el poder y se envicia

Alabad su caricia

Tú eres la persona escasa
Calculando el universo
Con tu cuchara y con tu taza;
Actualizando el reverso

De Dios, que es un reloj que atrasa

Aléjate de mi casa

Los tipos del exiguo amor
Amaron si pudieron
Y si no
No

Tipos del no

Ignórame de tal manera
Que disfrute el insulto
De tu manera de fiera
—Oculto

Cualquiera

Siempre estuviste arriba
Y lo de abajo
Te hizo el trabajo

Pero si ya me iba

Lo mejor del egoísta
Es que ignora que está en la lista
Del amor

O es lo que finge, porque
También es un artista

Los nutrimentos terrenales
Que tú amas, sensuales,
Me indigestaron. Anormales

Tú vives el ocaso del deber

No quieres, no tienes por qué servir

Son las cinco, se va el doctor
Que te hubiera podido salvar

Es su derecho negarse al amor

Te tocó morir

Avanza la tropa
Y conquista Crimea

La puta se quita la ropa

El carpintero
Con su garlopa
Crea

He sido perdonado

Por superioridad
De quien me ha ofendido
En verdad

He sido perdonado
Como un depravado
Como un condenado
Como un sujeto equivocado

O simplemente al lado

—Bondad

Fui sobrio por ebrio

Soy ebrio por sobrio

Doble oprobio

Me hubiera gustado
Un corcel dorado
Un coctel de pescado

Irme al lado

Me hubiera gustado
No haber estornudado

Intentas quedar repleto

Nunca estarás completo

La dosis del biberón y luego
Mucho, mucho teto

¿Eres pequeño por ti mismo?

Tú has escogido ser distinto
De Dios

Eres grande por Dios en tu activismo

Insignificante

El imperio que quieres
Proclama lo impotente que eres

Vieres

Oh tú que te rajaste
Sigues vendiendo tu desastre
Con lágrimas, con malicias, con ambigüedades

Con arte

Cómo gozaron!

Tragaron y vomitaron
Y volvieron a tragar, romanos

También

Cagaron

Lo tuyo, primero

Lo mío, tercero

Y tú, y tu
Trasero

El esclavo satisfecho
Me insulta, en su derecho

No, no estoy hecho

He visto cómo a los brutones
Que al delicado le ganaban la porfía
La historia les vacía los cajones

No es que yo me ría,
Pero

Felicitaciones

Vendedores

Lo que hay que regalar
Por un precio
Y en colores

Sí, te voy a comprar

Mi desprecio

Mis ardores

Admirad a la tropa de los verdaderos
Portando la sanción de tus errores
Y en los puños los cueros

Acabad con la estirpe de los carniceros

Son criminales
Pero tienen sus razones

—Pásales los cordones

Oh, que yo estaba acabado
Que me iba a humillar el soldado
Que el triunfo es privilegio del malvado

Infelices de al lado

Son naturales

Orgullosos de ser vulgares

Si te aproximas puede que te
Caguen

Hay el tipo que prefiere
Que Dios haga
Lo que él quiere

Y come y caga

Amigos traidores
Que nunca fuisteis fieles
Ni malos ni peores
—Ajenos mejores—:
Comisteis pasteles

De los amores mediocres
Saca una risa sarcástica
Y métela en un cofre

La llave, que sobre

Ignoro por qué
He de renunciar al té
Para amarlo a usted

¿Tiene sed?

Me exiges que no sonría
Y que cultive la angustia
Para estar al día

Con la porquería

Los bugarrones comerciales
Gozan y desprecian, pero
Sufren fantasías anales

Cada rosa tiene su dueño

Practica el adulterio

Ay, los hermanos malos
Qué miedo les tengo

Escualos
Sin valor para dejarse matar,
Soldados

La mayoría
Total

Mírala:

Vulgar

Mucha, mucha más gente

Corriente

Nunca gente sencilla, siempre
Confusa, complicada, demente

Gente
Enfrente

Te asombras porque sufro y escribo

Tú quieres vivir. Yo vivo

Esa lidia es la perfidia de la envidia

—Deja ser

Nosotros que fuimos poca cosa
Aplaudimos al genio, al héroe,
                    al hombre virtuoso
Debajo de la losa
—Con gozo

He tenido que ser un hombre exquisito

Vi la luna, el mar, el cielo
Escrito

Vosotros
Sois bichos

Dices que yo estoy loco

Porque tú eres bobo

Porque eres

Corto

El sexo sin amor es indigno de mi jerarquía,
Dije en mi estropeada juventud
Antes de caer en la putería

—La jerarquía en el ataúd

Tú no necesitas el Cielo

Estás con tu propio yelo

Alguien despedirá tu duelo

El coño y el carajo
Hacen bien su trabajo

El carajo y el coño
Están puestos abajo

Hieden

Aféitales el moño

Pasa el irrespetuoso
Con figura educada
Y conducta de oso

Si le bajan el blúmer me lo gozo

Vamos a inaugurar el año
Con el conocido encogido tamaño:
Enfriaremos la fiebre
Comiendo liebre;
Culminaremos el trabajo
Aumentando el relajo,
Y seremos siempre lo mismo:
Fracasados, en el idéntico abismo
Del ataúd, abajo

¡Qué calma de burócratas abusadores!

Correctos
Perfectos,
Ni siquiera se dan cuenta de que son
Cabrones

¡Recto
Señores!

Me interesa que me desconozcas
Porque yo sí sé quién eres tú:

Deshonra

No merecí

No merecí
El maní
El totí
El sí
De Yusimí

Morí?

Se me ha perdido
Esto, aquello y lo otro

Divertido:

Me he extraviado yo mismo pero me creo
Asistido

Os creéis masculinos
Reales
Cuando sois unos tipos
Vulgares
Incapaces del alma
Totales

Este envidioso
No tiene un problema conmigo
Sino con el Creador, que lo hizo

Soso

Ay, mira a mis enemigos
Creyendo que van a vencerme
Con abusos de estilo

Son matones

¿Mueren?

Les falta trigo

Fue su existencia señera:
No respetaron bandera

Han gozado la vida

Han comido comida

Pasaron, huyeron

Se fueron

Varón de la cucaracha
El cucaracho
Encaramado a la muchacha
Por el carapacho,
Se anota una buena racha

Hay peste a macho

Tú que profesas de ateo
Dime si escoges morir
Como un gato o un perro,
Tú que crees que te creo

Ay el ingrato
Maúlla un dato
Fingiéndose perro sato

Pero ni siquiera levanta el rabo

Hay una ingratitud en la virtud

Y no le toca
Ni en el ataúd

Haz el favor de no quererme
Que me apartas de Aquel que me prefiere

Y no tienes con qué

Hay alga
En el mar

Y hay nalga
Sin amar

Detestan amar —

El Amor les ha hecho el Mar

Y se sientan de espaldas

Que nadie cree

Pero si nadie lee

Déjalo que mee

Es nadie

Te amo

Te encamo

Te derramo

Ni por teléfono te llamo

Están en el podio
Porque
—Donde
Erigen el odio

Les ofende mi ser

Quieren que yo sea como ellos:
El fracaso de antier

Plebeyos

Demasiado fino
Demasiado dedicado al trino
Demasiado divino

Y ellos, irracionales

El uso
Del abuso
Te hace un intruso
En la dignidad del ser

De mi casa te expulso

¿Cómo quieres que no sea un comemierda?

Si rehusé la ruta
Que te hizo un hideputa

Me cierras
La puerta

Amaron poco

Mintieron mucho:

Se llenaron el buche

¿Alguno supo que estaba loco?

Con ellos lucho

¿Alguien que escuche?

La muerte es un evento que acontece a los otros
Que cruzaron la calle sin mirar el semáforo
Y se enfermaron por locos

La muerte es un suceso que merecen los otros
Que son bobos!

El amor poco
Hace del tonto un loco

El amor ninguno
Hace del loco un importuno

En el universo

—Apártalo

Oh no, no pertenecieron
A nada ni a nadie: parecieron
Ser de sí mismos.

Perecieron

Se acabó el disparate

Yo estaba loco y ahora soy
Orate

Mi demonio está suelto, pero el otro
No hay quien lo desate

Me gusta la naturaleza humana

En cuera, por la mañana

El sepulcro blanqueado católico
Me provoca un cólico

En mis santos cojones

Les regalo el mezquino
Tacañeando al espíritu
Y recortando el camino

Págale un vaso de vino

Falso que te comportes como un perro

Tú no eres un noble can, eres
Yerro

Me alegra tu colmillo

De ninguna manera vas a amarme

Me autorizas a alejarme

Eres un criminal sencillo

El hambre de ese amor
Me hace una hembra sin honor

Qué calor

Existo ya

Por mucho que tú me borres
Estoy acá

Y me voy para allá

Yo fuera de tu calaña
Si desconociera que me tienes
Saña

Ay, me quieres de tu lado

Pero cagado

Mi nombre te extraña

Un profesor de morbo
Me juzga cuando admiro
Un lomo

Me atrae, pero yo estoy loco

Hay humanidad cuerda

Y se queda sin cuerda

Y cuelga de la cuerda

Vosotros, los hércules
Habéis de soportar el mundo
Con el suspiro profundo
De los millones de febles

Vosotros, los pérfidos
No me quieren, me malquieren
Mi ser les molesta
Y me
Hieren

La ortografía protesta:

—Hieden

Voy a zumbarme un brebaje
Que me suba y que me baje

Voy a tatuarme un tatuaje
Bien abajo
En el carajo

Voy a comprarme mi homenaje

Me mira
El ojo de la ira
Que me pone precio:
Mi desprecio

El suyo

Tú no sueñas

Tú juegas el juego del insomne
Les sabes las señas

Te adueñas
De lo real que es el gusto del crimen
Y la demencia de las almas pequeñas

Diseñas
Un universo sin sueños
Verdadero con solo las greñas

En las que tú te empeñas

Los malos ganan siempre
Los buenos siempre pierden
Las flores siempre mueren
La mierda siempre hiede

Goza, goza: consume
Sácale a la vida el jugo

Asume
El yugo

No saben ser padres
Estuvieron carentes de madres

El descuadre
Ciudadano es el cuadre
Del compadre y la comadre

El perro que ladre

Ay, goza a los traidores
Denunciando al hermano
Y vendiéndole al malo
Los cojones

Yo reclamaba hermanos

Yo precisaba entregar mis manos
A una epopeya con humanos

Yo desecaba pantanos

Yo vivo pa gosal

Pero me falta sal

Demora la razón de mi tristeza:
El hombre me ha hecho presa

El hombre es un animal inhumano

Escápese temprano

Me gusta tu desprecio

Sabes que cada persona tiene su precio

Yo sé que eres necio

Me juzga
La turba:
Me purga

Suerte!

Plebe
Se atreve

A juzgarme, aleve

Porque hube, porque hube
No me di, me retuve

Pero no tuve la nube

Cura, no soy un instrumento
Ni de Dios, sino un fin
Que siento

¿El Papa hacía tormento?

Si no me van a amar como yo quiero
Voy a conseguir dinero
Para no dejarle a nadie el culo entero

Yo amo el estercolero

¿Has hecho un comentario?

Tú que eres de respeto como un
Osario

¡Dinosaurio!

Tú sabes que yo soy un disparate

En la época que amaba
Era además orate

Ni entonces te buscaba

Soy un perdedor valiente:
Tanta gente ha ganado

Tanta gente

Es

Ganado

Nos hemos hecho tatuajes
Puesto que somos vulgares

Gozamos ruidos brutales
Juntando sexos salvajes

De veras somos totales,

Reales

Así como se muere la criatura
Se acaba el universo: la charada
Agotando sus números: basura
Multiplicada

Se muere el santo y queda la fanaticada

El monstruo que yo he llegado a ser
Por comerme la porquería colectiva
Como un pastel,
Es el niño de ayer

—Guayaba para él

El cartel es desafío:

No fío

Este señor nunca ha tenido frío
Este infeliz siempre ha carecido de un tío
Este egoísta se está ahogando en el río

Y para qué lo voy a sacar

El siglo acabó con la dulzura

El siglo no me cura

Por eso yo he acabado con el siglo

En la basura

Mi yo quiere que yo me vea
Como un bien que yo no soy
Y yo soy cualquier ente que sea
Cuando estando estoy

Yo soy mi yo con diarrea
Por miedo de que voy
A la muerte del yo que marea
Mi ser de hoy

Si estoy perdido soy genio
Si me encuentras, me ves tonto
Y aun así me las ingenio
Para disimularte el monto
De fraude con el que implanto el milenio
De mi dictadura, y pronto

Tranquila, tranquila
Dice el hombre del pueblo a su pupila:
Hay más tiempo que vida

A mí la eternidad me alquila

Soy viejo, ya me extingo —

Por ahora
Singo

Me tratas con fraude

Y quieres que te guarde
Del rechazo que esperas,

Por caridad. Es tarde

Si quieres ser respetable
Comienza por ser amable

Si quieres que te hable
Empieza por ser respetable

¿Tú crees en Dios?

No, porque no me amas

Y al poderoso le mamas

El tazón

Ya singué, ya singué
Pero no aprendimos
Ni a colar café

Hazme té, hazme té

Demasiado ofendido
Para hablar contigo

Suficiente
Para darte un tiro

A fuerza de chiquillos
Cómo atribuirles delitos

Tan amables

Cómo culpables

Precitos?

Los traidorzuelos
Serán precitos?

Para una multa,

Pobrecitos

Del universo en homenaje
Visto este traje

Tú hazte un tatuaje

Ay, mis contemporáneos no me quieren
Porque yo soy muy fino, y ellos
Son duros en sus placeres

Ahorita se mueren

¿Has dado el culo?

No me refiero al gusto
Sino si has sido mulo
Del Augusto
Violador

Se han hecho un rollo con el bollo
Este bollo es un pimpollo
Por el bollo me emperifollo
En el bollo pongo el cogollo
Gracias al bollo me aboyo

El bollo es un hoyo

Brama
En la cama

No ama

Me acosan los vulgares

Me acusan los venales

Me expulsan los insustanciales
Humanos, animales
Antinaturales

Feo, feo
El sexo, el tatuaje, el deseo
El recreo

Nunca digas yo creo

Tú que no sabes si vives
Dime si alguna vez concibes
Sobrevivir

¿Hayas bien el mal?

Bebes de un orinal

¿Hayas mal en el bien?
Que te aplaste un tren

La cosa me acosa

La cosa es intrusa

La cosa me abusa

La cosa es sosa

El gentío menor
Se ha vuelto mayor

El ganado
Ha progresado

El alfabetizado
Escribe que no tiene amor

—Mejor

Claro que me tienes envidia
Malvives con desidia

Natura te lo negó
No le gusta tu yo

A la traición
Ese puñal de hielo
Le agrada mi corazón

Las traiciones
Me las deslizo con los cordones

¡Oh vosotros, pingueros
Que por unos dineros
Habéis metido el rabo en tantos estercoleros!

¡Oh vosotros, sinceros!

¿Voy a morir mañana
Con mis dos huevos flotando
En agua de palangana?

Yo quiero morir templando

Págale a Mengana

Dame respeto

Eso que tú me ofreces
Es lo que yo me veto

Tú no eres mi reto

Ego, ego!

Ciego, ciego

Ego? Ego!

Juego, niego

Ni

Ego

Fuego!

Me gusta ser un comebola
En las impertinencias de la historia
Extraviado por delicadeza

Me agrada ser un comemierda

Que fracase la vida en la tierra
Que triunfe la policía que me encierra

Que viva la muerte que me entierra
Y sea clausurada la puerta que se cierra

¡Haya guerra!

Ustedes son los dueños del mundo

Jamás seré coronado en el Amor Absoluto

Aquí está mi frente, inscribe
En ella una cruz,

—Bruto

AMATORIA

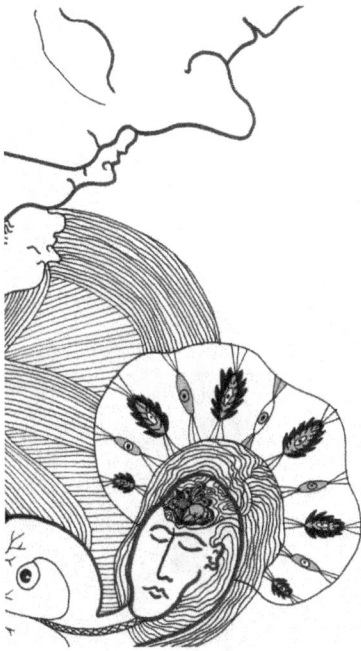

Te quiero

Acércame el Cielo

Hay algo celeste entre tú y yo

Un acto perfecto en donde fracasamos los dos

Hay algo terrestre entre tú y yo

Algo inútil y sucio donde nos salvaremos

Hoy

La noche entera

Tu hermosura rompiendo la acera

Mi ternura como una bandera

Tu inocencia que fue verdadera

—La noche entera

¡Que Dios se acuerde de mí!
Y que te tenga yo a ti

Sigamos juntos tú y yo
¡Que yo me agarre de Dios!

Apriétame contigo

Si me destruyes acabamos
Amigos

Habrá un sentido

Callas como un escándalo

Tu silencio es como una viga,
                           como un puente de
Sándalo

Ándalo —

Án
Da
Me!

Solo tiempo y eternidad

El pasado existió
Ya

(Menos
Mal)

Mi cercanía es un fraude

Tócame

Que estoy hecho de una lejanía
Inviolable

Alcánzame

Lo de adentro, afuera
Lo de afuera viniendo
Adentro, como una fiera

Sintiendo

Túes

Pero jamás lo que tú eres: lo que
Viéndome, me esculpes

Y

Azules

Dame ahora el permiso
Para quererte
Y verás que existe el paraíso
De tenerme

Es que el Amor me hizo

Tu cuerpo y tu cara:

Mientras no te conozca, todo

Cuando ya te haya hablado, nada

Goza de mi ser
Por los siglos que me quieras tú
Tener

Equivócate en el retrato
Descíframe hasta donde puedas
Que yo tampoco me conozco tanto

Acierta el arrebato
Goza de mi ser en ti, diverso
Errado, extraño

No podemos
Desconocernos

Hubo una alianza antes de que naciéramos
Y
Ahora somos eternos

Nos miramos, nos vemos

Un diálogo de sordos
Una palma contra la otra
Y una intensidad de ojos

En el silencio te escojo

Visitas mi casa:
La confianza con que vienes
Mientras el polvo me arrasa

Me tienes

Ven, pasa

Hazme pasar
Nunca como un relámpago sino como una
Nulidad

Nula edad

Doloroso
Como todo lo real, el gozo
De amor

Para rendirte con mi delicadeza
Apreste yo el ánima
Tersa,
Tensa

El
Universo
Es
Un
Exceso

Mejor
Un
Solo
Beso

Por dentro

Un beso
Por dentro
Es universo
En exceso

Quiero que me quieras como si fueras Dios

Quiero que me quieras como si fueras dos

Quiero que me quieras como si no fueras un yo

¿No?

Viejo y sano
Con el poder de amar humano
A mano

Y una bendición

Tú me igualas
A la nada
Tú me anulas
El ansia
Tú permaneces en mi alma
Como una certeza
Acabada

Bájame la estrella
Que estoy de pie en el astro
Con hambre de ella

Aunque eres tú

El corazón amante
Quedó detrás, se fue adelante
A Dios

Míralo
Gigante
Yendo

Quedándose

Amaneceré contigo
Y será como si siempre
Hubiéramos sido
Amigos

Vénceme
Tan
Delicadamente
Que nunca pueda
Huirte
Sin verte

Cómo me dirás
Lo que no te he dicho
Lo que no te digo
Lo que no me digo

El miedo es real

Y enemigo

Déjame decirte
Que no, que es imposible

Me voy, tienes que irte

Bendíceme

Seguir
Unidos
Sin anillos
Ni ritos

Benditos

Vencidos

Despojado

Con el infinito
Al lado

Vaciado

Latiendo

Saber de amar
Ahora
Un día

El saco de dolores vuelto
Pequeña y sólida
Alegría

Gracias
Por esta involuntaria
Porfía

Seguir
Sintiendo

Ni pena ni gozo ni
Indiferencia

Ciencia
Siendo

Enamorado:

Solo
Este
Estado
Callado

Roto

Me duele ser deseado
Por quien fallo en amar, por el hastío
De mi sabio cansancio

Lentamente me hechizas

Llueven sobre ti mis cenizas

Me aparto

Tu mirada me mira
Y
Se acaba la mentira

Huimos
De este lado:

El amor como algo
Raro

Complicado

Como un escándalo
O como un soldado

—De este lado

Tu acercamiento fino
Me abre un destino

Que me hará duro, grosero
Ridículo

Tu fino sentimiento

Tú que me enamoras,
Casi sin saberlo, juegas
Con mi sangre a deshora

Estación del éxito

Me asalta
Tu sangre, me abrasa

Y digo que no
Cautivo de la lástima
De la rabia
Que ama

Quieres
Arrasarme
Esta tarde
Pero

La tarde es de Dios

Me dueles

Te ofrezco

Creces

Tu nariz
De perfil:

Mi rumbo

—Atravesándolo

Esa piel que esculpe tu cara

Que me levanta
La mirada

Envasa
Mi alma

Tú te has atrevido

Estoy preso de mi delicadeza
Y de la invención de un sentido

Recibido

Desátame

Crezca

Todavía tu nariz merece elogio
Y me ahogo
De no poder asir su gracia
Ni ahora, ni pronto

Miro tus manos y apenas creo:
Su perfección bastante
Su inaudito recreo
Distintos de ti, distantes

¿Te veo?

Cómo es que fracaso en decirte
Esta admiración que es pureza
Santo de solo mirar
Necesariamente sin mal,
Tu belleza

Me crees muy fino
Y habrá de lastimarte la indecencia
De mi destino

Sígueme —

Mira que estamos solos
En la presencia de alguien
Y en la ausencia de todos

Mira que somos bobos

Contigo
Que el universo se muera
Afuera

Y que nazca de adentro como un beso

Sé que estoy contigo
Cuando no estás

Lo propio y lo mismo
Si te vas

Somos amigos

¿Verdad?

Has nacido de Dios como yo

Has nacido de Dios por los dos

He nacido de Dios yo por ti

¡Sí!

Nada íntegro, nada justo, nada entero
Nada absolutamente verdadero
Ni entre tú y yo

Solo Dios

Le dije a la piedra: escúchame
Y no me oyó

Le dije al árbol: háblame
Pero no me contestó

Le grito a Dios: te estoy orando!

—Converso contigo hoy

Cesaré mis preguntas
Ante el cielo y el mar
Por la muerte y mis dudas:

Me gustas

Tú que me amas un poco
Quiéreme menos, que con el tanto puedes
Desatar al loco

Tú no eres la vida que yo andaba buscando
Ni la que aún soñara tener

Tú eres la muerte que me toca cuando
Ya no sé querer

Quiéreme menos
Que me resulta sospechoso
Tu
Celo

Cuando muera ordéname un treno

Sigo virgen de mente
No porque no quiera yo a nadie
Sino porque nadie me quiere

—Hiere

Cómo habrías de entrar en mí
Donde cabe el infinito
Como un grano de maíz

Tráeme tu ser

Ni un servicio ni un premio
Ni mi daño al revés

Tráeme tu ser para querer

Nuestra cercanía:
Inaudita porfía

Nos necesitamos tanto, pero
El mundo nos cría

Vendrás, y no podremos
Soltarnos, hallarnos

Vendrás, hablaremos

Y será como si nos amáramos

Desde tu realidad
Deseante,
Me miras
Y sé que estoy delante
Huyendo, de Dios

Tu voz no se rinde:
Se esconde y se escapa
Finge y se disfraza
Me esquiva y me acaba
Pero me dice:
Te he encontrado, estás firme
En mí: pide

Porque quieres verme
Mi alma dice: vete

Es mi deseo de ser amado que

Muerde

Hemos decidido que no

En silencio y sin acuerdo

Porque es lo mejor

Y claro que lo sabemos:

Hemos perdido los dos

Vivir sólo para ti, y contigo
Es lo que quisiera querer
Pero estos deberes enemigos
Me tienen que tener

Yo voy de espaldas por la muerte, viendo
Mi existencia al revés
Despidiéndome de mí mismo, y diciendo
Al adiós: ven

He dicho que repudio cualquier límite conmigo
Y enseguida instalo una barrera

Soy tu amigo

Mi alma está en pedazos porque sigue entera

Pide, pide desde el fondo
De ti, que soy tonto

Demanda el todo
De la nada que somos

Soy bobo

Te lo daré

Pide que muramos separados
Para saber cómo fue, como es

Agradecerte el sentimiento

Aunque te vayas por cualquier rumbo
De injusticia y de tiempo

Estás como una esperanza risible
Dentro

Tu dolor inaccesible

Cómo poderlo curar, sino
Aumentarlo por querer
Librarte

Estás ahí, visible

Doliendo, real

Es que nos urge Dios, nos falta
La realidad

Falso como la verdad
De amar

En la médula
Bálsamo

Incrédula
El alma, sabe
Que deseo, que no te amo

Que arda y queme
Que acabe con lo que me mantiene
Vivo, y que duele

Es hora de faltar para que

Algo

Reine

Tu tristeza no precisa mi entusiasmo
Como una cura: es salmo
Que yo ni osaría mirar
Si no fuera un insensato

Tu figura
Me cuela la basura
Que en la calle me asalta, la hermosura
Sin sufrimiento, sin altura

Tu gracia es sexual e intensa

Pero
Estás en otra parte con esa opulencia
Del sueño y de la carne No te toco

Mi deseo te inciensa

Ni me sacian tampoco
Tu carne y tu cariño
Disminuyendo el infinito, es poco

Defectuoso desde niño

Es que la carne es el sueño
De Dios, tan abajo
Que el Amor frunce el ceño

—Trabajo

¡Un poco, un poco,
Una pizca de sal que me aduerma
Que acueste al loco!

Estoy sordo

Ni una sola palabra tuya
Me hará creerme el otro
El que fui, el nosotros

Estoy gordo

Yo te protejo
No alcanzo a más, pero
No, no te dejo

Del cielo un pedacito
Me sobra la ventana, porque
Me has escrito

Necio destino

Tú me recuerdas más

Pero el que olvida es el que ama
Del que prescindirás

El pobre que va detrás

Temo verte

Que me bajes la máscara

Temo serte

Si ahora estuviésemos mirándonos
¿Resistiríamos la realidad
Del otro, de ambos
Incinerándonos?

Mirar como si todo hubiese sido dicho

Hermético, absoluto

—Como un rito

Al menos sé que no voy a lastimarte

De palabra o de obra, es que he perdido
Con la edad de la pasión, el arte

Enséñame a servir a tu verdad

Quemante, imposible de agarrar

Heroico, aprender a amar

Tú eres del placer

Nunca sabrás querer
Con el ser

Tú no eres el vaso de mi sed

Más cerca de mí que yo mismo
Me miras y me desarmas: contigo
Soy, pero cómo salvaremos el abismo
Nos queremos. Seamos amigos

Esa
Pureza

Tus ojos desnudos como una
Fuerza

Un instante y me besa

Huyo pero mi mente

Acepta

Sellados

Ocurrió, estamos espantados

¿Cómo cumplir este vínculo, cómo
Consumarlo?

Te doy lo que arrojo de mi mesa
Lo que me sobra, lo que me resta
Porque darme violaría tu pobreza
Porque mi entrega te afrenta

Demasiada carne

Demasiado traje

Demasiada hambre

Si yo debiera amarte
Fuera infeliz como siempre

Incumplo, es arte

El lóbulo de tu oreja
En mis dedos
   —La abeja

Te has mentido, has huido
Yo tampoco quiero verte, pero
Cuido el sentido

Yo conozco el olvido

Quiero amar como si nunca
Lo hubiera padecido

Olvido es libertad

Y la rehúso, herido

Tacto
Mutuo y casual

Dulce, animal

¿Contacto?

Se acuerda:
Retorna al encuentro simple
Y difícil, la mente cuerda

Tú me huyes

Mi admiración te estremece

Tu decencia te obstruye

Tu decoro me instruye

Deja que la carne rece

Querida, tuviste
Una silla y un ala
Y una voluntad triste

Querida, quisiste

¿En serio?

Dices que quieres apañarme
Piensas que vas a acompañarme
Hasta el cementerio

En serio

Tú que entiendes de amor
Sálvame el día que adoro
La noche con decoro
La muerte por favor

Tú que engendras dolor

¿Has visto a Dios?

Hubo una boda en la frente
Un calor ingente
De dos

Se me ha agotado Dios
Y te ha dejado cerca
Tan terca

Un tú, quiero un Vos

Tú olías a almendras

La vida era seda
Tú aromabas a almendras

Y yo creía en la belleza —

La crema de almendras

Sobre la carne ajena

Innecesario que me ames, que Dios
Es perfecto

Tú no

No me ames, que hay Dios

O eso creo desde que te conozco
Hoy

Recházame así como soy
Enfermo y malo

Consideras si puedes mejorarme
O escoge el daño

Ves lo que no soy
Y lo que soy no puedes ver
Porque estoy más acá del ser
Y más allá de lo que doy

Ves y rehúsas ver

La muchacha
Que va a desaparecer
Ahora pasa

La muchacha me enferma, me cura, me mata

Ella cree estar sana

Te he dicho palabras riesgosas
Tan en serio, sin haberte amado

Decirlas, obligado

Tenía que haberlas yo escuchado

Nunca te dije lo que decía
Cuando creía

Te dije lo que ahora digo

Soy de todos el amigo

He aprendido a callar
El amor que tengo

Así me vengo
Pero

Conservo las ganas de hablar

¿Por qué demorarnos?

Mejor destruirnos

—Vivirnos

¿Matarnos?

Fui siervo
Ahora hiervo

Huyo
Jamás te destruyo

Arguyo

Cómo lo mío fuera tuyo

De lo tuyo es de lo que huyo

Mira a la galaxia

¿A la muchacha?

Las dos lejanas

Las dos extrañas

Pero la galaxia te levanta

Tocarte es un rito

Tocarte es un mito

Tocarte es apetito

No por tocarte te habito:

Por tocarte estoy bendito

Si tú te parecieras a tus ojos
Quedaría cegado, existiría
Yo como mi propia fantasía
—Se acabarían los antojos

Si te parecieras a tus ojos
Miraría

Te pareces a tus pies:
Sobre la tierra, como ella es
—Refutación, revés
Del deseo el envés

Tu arrullo es tuyo

Lo mío es desvío

Regálame memoria
De haber sido feliz

Recibe de mí
Estas horas fuera de la historia
Y del tiempo, reales
Porque sí

Aquella vez que estuve enamorado
Había realidad y estaba
De este lado

Sabía de mí

Certeza de estar completos
Como se debe, al menos
Un día, aquí

Me recuerdas la muerte:

Te vi antes de verte
Te toqué sin suerte
Cómo atraparte

He vivido, es un arte

Esa gracia que veo solo yo

Es para Dios

Dime si hoy la eternidad me acuna
Si tenemos un turno
De luna

Mira si la brevedad es una
Juntos

Con ojos
Locos
Te toco

Sólo
Con los ojos

Tuyos, otros

Enfermo
Por la suerte
De portarte dentro

Y tú afuera
En la acera
Como la salud y la muerte
O el tiempo

Donde te halle
Tu gracia
Me estalla

Quieres que hable

Mi edad calla

La calle
Me halla

¿Quieres conocerme?

Solo por lo que tú crees
Que soy o que eres

Yo tampoco lo sé, pero
Sería por ti quien quieres

Tu gracia me duele

Quiere mi amparo ahora, pero
Durará hasta el viernes

Tu gracia me hiele

Por distante, presente
Y por imposible, indeleble
No como tú sino como lo que fuere

—Duele, duele

Tu indiferencia
Es desafío, es indecencia

Finges. Tal vez es ciencia

Dedos de ternura

Duele, dura
La cura

¿Serás como tu voz?

Te escucho como a Dios

Tu voz en los días
Para morir y vivir

Pero es solo tu voz
Que Dios hizo hoy para mí

¿Eres así?

Seré por ti quien quieras
Lo que tú necesitas
Y yo finjo en la acera

Mataré la fiera

Miraré lo que eres
Como un deber que amo

Ojalá fueres

Cómo resisto esos ojos
Que piden poco
Que piden todo

Yo siempre tan moral
Cobarde y bobo

Estamos
Enamorándonos

Algo

Más, demasiado

Tanto

Reliquias del amor proscrito

—De espaldas, Dios

Contigo

NO ES UNA DIOSA POMONA

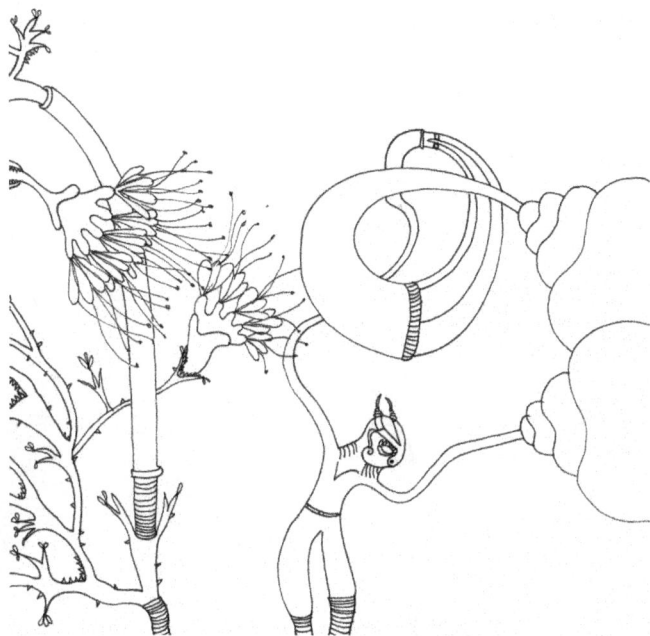

A Calos Manresa, según criolla tradición.

Si la vida es adusta
¿Para qué la fruta?

¿Degusta
El Creador
Su realidad augusta?

La fruta es justa

—Hay sabor

Me gusta
El Creador

Dadme
Un
Caimito

Para comer óleo violeta del infinito

La
Guanábana

Blanca

Como una sábana

—Y lleva mi lengua a mi alma

El mango rosa
Más perfume que carne
Me acosa

El mamey es un rey:

Una pasta violenta,

De ley

Giraba
La naranja

Más inmediata al astro
Que un alma

—Yo la gustaba

Giraba la naranja como una deidad
Cercana

Yo amaba

El mar
      Allá

El mar
      Acullá

El maracuyá

Ya!

Hubo
Una
Uva
Madura

En mi paladar de niño

Como una
Navidad
Absoluta

En el vino perdura

Ah, la manzana

Un aroma como un vals

¡Grana!

La piña
Es una niña
Intocable y secreta

Patricia

Sí, ni esperes
Sino un
Pero

Sino un
Nís
Pero

Entero!

Una miríada de plátanos
Colgados
Como un escándalo

Estiro la mano, agarro

Soy santo!

Aprieta la boca
El marañón
—Dice el pueblo

Un beso como una roca
Provoca

La chirimoya
Arrolla
Mi lengua

Su arena dulce

Su pasta de fiesta

La chirimoya concentra
Mi pensamiento

Tierra, cielo, gesta

Voy a donde haya
Papaya

Piso y paso la raya
Por la papaya

Le dicen la fruta bomba, pero
Carga perdigones y no estalla

El anoncillo
No es un anón en pequeño
Pero crece en cualquier trillo

Todo niño
Come, come anoncillo

Ácido, breve y sencillo

Apresa
Esa
Cereza
Roja con los dientes!

Belleza!

La corona de ciruelas
Rojas, era
El emblema
De mi juventud terrena,
Fiera

Mantenga yo siempre mi frente
Ardiente, inédita

Del marañón la maña
No es tacaña

Huele y te lleva
A su entraña

Áurea o roja
Calaña:
Carne entregada

¡Pequeña y tamaña!

Ese melón
Tenía corazón

Lo calé, discreto:

Incendio
Fresco

Ese melón
Tenía corazón

—Porque me lo comí completo

La pera

Me desesp

Por el agua de coco
Yo me desboco

Toco
La pulpa suave o rígida
Con un labio de loco

Por el coco me descoco

Estaba unida la granada

En su cápsula de esmeralda
Acumulada

—Que rompí con mi sed apresurada

Estaba reunida la granada

Y me estalló como una bautizada
Alma

Acate
Por favor, al aguacate

En ensalada es disparate
—Dijo Mayakovski, ruso orate
—Y que el cubano se la pierde

Es fruta
Y se disfruta
Madura y verde

Quiero
Un
Meloco
Tan
Tón

Esa
Cereza,
Esa!

Brilla
Amarilla
Arriba

Me endereza

Cereza
Dorada
Besa
Mi gana de nada

Cesa!

Nunca comí la fresa
Fresca

¿Hay que subir a un árbol?

—Fría

Refresca

Ves?

Es

Fresa —

El color o el sabor?

Sorpresa

La Fruta
Absoluta.

La sueño, la exijo, la niego, la espero
En mi práctica
Disoluta.

Te toca la lengua con esa fuerza
Bruta

Que

Te cambia de ruta

Sin disputa

Te habrás tragado lo eterno
Y te ha de devorar la eternidad
Astuta

Depredador, disfruta

De Dios

La Fruta
Absoluta —

TODAS LAS FLORES EL HOMBRE

A Claudia Veloso, por una rosa blanca.

Las flores como un nombre —

El gladiolo contra la gravedad, un girasol
Insomne

Las flores como un nombre
Por decir —

Todas las flores el hombre

—O una mujer

A la recta y la estructura
Prefiero yo la albura
Del lirio,

Curva

Esta rosa
Es
Dolorosa

Su textura viva
Que me acoge y me nombra

¿Muy arriba?

—Ahonda

Fragante de no acabar

Ebrio de un clavel, mi edad
Reciente: era natural amar

Del infinito y la profundidad
Mojaba los pies en la orla del mar,
Borracho de un clavel de eternidad

Hubo una dama de noche
En mi patio, con un derroche
De aroma en carne de blancura

Hubo
Una densidad nocturna,
Como una alcurnia
Para todos

Hubo una noche

Minúsculo y en serie
El coralillo es un tramo
Rosado
Y leve

Aleve
El coralillo es una enredadera que se extiende

Verde y rosa y se atreve

Mis claveles
Huelen

Los del mercader son fríos,
Aleves

Ha sido dañada la existencia

La materia duele

Pero en mi patio

Mis claveles
Huelen

Se ha ido la violeta de los Alpes

La sabana. El hambre

En marzo se empina y

Abre

El estambre

Es bella
La catleya

Y de ella
Su bálsamo de vainilla
Mi lujuria sella

El relámpago de la azucena
Siempre:

No cae, se eleva

Impera

Aroma, vence

¡Color, color
Y un derrame hacia adentro
De olor!

Clavel

Mejor

El clavel es una miel
Para abejas sacras

El clavel es Rafael

El gladiolo
Empinado y solo
A fuerza de exquisito
Parece en el mundo, dolo

El fraude es el mundo
Común, sin requisito

El gladiolo
Fino y solo

En el nardo
Soy salvado
Como un cardo

El nardo es un cuchillo blanco

En ese nardo
Ardo

El nardo es arduo

La rosa
Me derrota

Dice que hay más, hay más

Ella es otra cosa

Ella
Es
Otra!

El lirio
Es un colirio
Asirio

Demasiado,
A mi lado

Un lirio es Sirio

La picuala
Entraba
Por la ventana

Humildes, rojas o blancas
Aromaban

La picuala de la infancia
Que corté con ansia

La cruz del maracuyá
Anuncia el jugo que me salvará

La orquídea amarilla
Pequeña, brilla

La gardenia huele

La gardenia
Inunda

—Blanca

Brilla
Nívea
Esta campanilla!

Baja
La breve cascada
Roja y dorada
Del platanillo

Desciende, y la gravedad
Queda marcada

Se derramaba el girasol
Sobre mi mesa de trabajo
Y yo no escribía mejor

—Palabra de flor

Yo soy un animal
Vegetal

Manso como la clorofila
Y el matiz y el incienso que alquila
Para respirar

Yo quiero ser un insecto
Directo

Ir a la rosa a trabajar

Que mi tropa sea de flores
Esgrimidas por mujeres
Perfectas, desnudas

Que la victoria sean amores

Hizo las flores el Creador
Para los ojos del insecto
Para lo extraño que es atento
Para la forma del candor
Junto al quasar que las calcina
Hizo sus flores el Creador

Hizo las flores el Creador
Para lo falso que es perfecto
Para el fracaso del milenio
Para el escándalo de amor
El hueco negro las ignora
Y es ignorante del Creador

Hizo las flores el Creador
Para burlar el universo
Para las fallas de lo eterno
Por lo gratuito que es fervor
Mira el milagro que te escoge
Mira las flores del Creador

ANIMALES CABALES

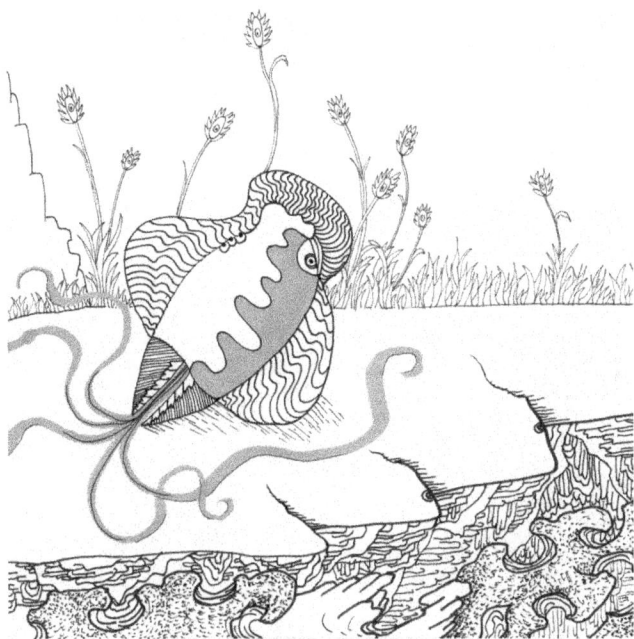

A Luis Carlos Hernández Castillo.

CORCELES

Aquellos corceles árabes
Encarándome con un ojo de superioridad
Real
Implacable

Aquellos corceles árabes
Negros como una tachadura
Del mundo, como una gracia
Propia, formidable, intocable

Me dejaban con el borrón de mi cuerpo
Y una envidia y un hambre

Piafaban como dioses conscientes
Aquellos corceles árabes

TODAVÍA

El majá
Está

Ahí

Ni de allá para aquí
Ni de aquí para allá

¿Ya?

DEL PARAÍSO

Me pica
La hormiga

Me expulsa del ámbito de su monarquía

La hormiga es mi amiga

GATO

Trato
Con mi gato
Un rato

Mi trato
Con mi gato
Es
Ingrato

Ato
A mi gato
Y lo
Desato

Nunca lo mato

No es un gato
Barato

Pero siempre estoy harto
De tan poco gato

—Mi gato es su acto

PAVÓN

Mira los ojos del pavón

Los de la testa olvídalos: los de la cola
En arco: azur y esmeralda y oro
Como una indescifrable excepción

Desde esos ojos del pavón
Te observa su Creador

DESORDEN

Qué culpa tienes de ser gato

Lo tuyo no es error, ni maldad
Ni desacato

Eres gato por un rato

Luego la nada, el saco

Te llevas el bisté

Exacto

EL MEJOR AMIGO

recordando a Feijóo

Yo era ya amigo de Lucas, cuando
Lo encontré en la puerta de la calle
Y toqué y lo entraron

Ahora regreso a su casa
Y Lucas me salta encima como un disparo

Lucasevich!

Jau!

PEZ YUPI

Tremola
La cola
El yupi bandera

¿Para la hembra cualquiera?

ANTÍTESIS

He aquí a la cebra:

Cada hebra
de opuesto tono:

Una bestia
Dialéctica
Por fuera.

Asombroso

ÉXODO

Expulso de mi comedor a esos gatos
Que me devoran la despensa, que me acosan
Sin descanso

Tiene que haber un Dios que los acoja

Digo, yo que lo deseo tanto

GORRIONES

Me azoran los gorriones

A fuerza de ser comunes son nociones

Nos acompañan como eones

Gritones

Naciones
de

—Gorriones

VERDE NOCTURNO

1
Huyo
Del
Cocuyo

Habita en las tinieblas del jardín
Porque el origen de la luz
Es suyo

Miro con ojos verdes pero
Huyo

2
Cocuyo, cocuyo
Lo mío y lo tuyo
De los ojos de luz
Huyo!

LA GATA MUSA

Toca la cornamusa
Del maullido

Abusa

Se niega a beber la leche abstrusa
Que el gobierno le vende a los humanos

—Me acusa

HIPOPÓTAMO

Hipo

El fango del Creador es tu mensaje
Rico

Tú santificas el lodo con tu volumen
Prohibido, límpido

Y subes, hipo!

SOBERANÍA

Gira, jirafa
Tu cuello como torre
Sobre cuatro
Patas

Impera

—Alta, avanza

SITIOS

Quisiéramos en casa
A la polymita
Bonita

Pero qué va, su hábitat
No se imita

Baracoa o Cubitas
El planeta le sobra, le irrita

En su espiral logarítmica
Reside, revela, se limita

HOLOCAUSTO

Yo a la cucaracha la mato

¿Tiene mala facha?

Para que no te pases con Pilatos
La cucaracha
Se agacha
Un rato

ACUARIO

Los escalares
Ni escalan ni se agitan, están
Más fijos que los mares

Cebras del agua, se deslizan
Verticales

—Centrales

PÁJARO

Bicho
Que
Vuela

Bajo el Cielo,

Cela
El Océano
Y la Tierra

—Media

Bicho y vuela

CHAMÁN

Dele
Realce
Al alce

Alce al alce en un lance del trance

El alce
En trance
Alce

CULTOR

Solo, solo
Las abejas sagradas
Consagradas a Apolo

Solo, sin dolo

TENSIÓN

Anota
El imperio de la gaviota:

No se acaba el mar
El aire no se agota

La gaviota te derrota

COLIBRÍ

El alarde del ala:

El
Ala
Arde!

DESPEDIDAS

Ha muerto Nerón
Un can que no era emperador

Murió Kazán
Mi perro de la infancia
Que hablaba el alemán

Mataron a nuestro gato amarillo
Por meterse en el ajeno trillo

Botaron la jicotea de Blanca
Unos basureros sin calma

Se encogió el pavorreal
Antes que yo naciera, y el sinsonte luego
Que trinaba el Himno Nacional

Murieron las bestias que nos dieron
                              gracia y honor

¡Que resuciten como Dios!

GORRIÓN

Ligero, ligero

Como lo que tiene
Sendero

Ligero!

CABALES

El hombre es un animal
Vertical

Y la mujer también

El hombre es una mujer horizontal

Y la mujer al revés

El hombre y la mujer son animales
Cabales

EL ARTE DE MI LUJURIA

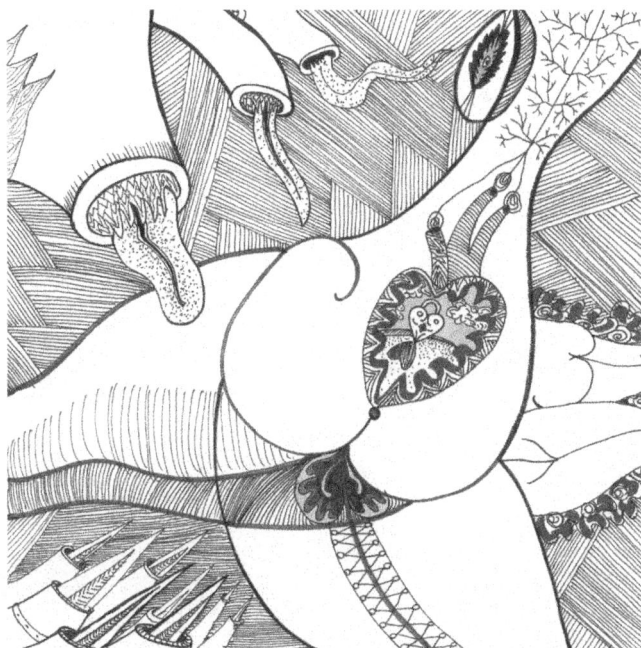

Vengo a citarte a una lucha

En la ducha

El perro está caliente:

Pan y diente

Mi felicidad es impropia

La felicidad ajena
Me enajena
Me apropia

—Quítate la ropa

Una cultura
De la calentura
Me da una altura

Ama para tu goce

El amor tiene razones
Que la calentura desconoce

Tu ropa provoca
Tu ropa me ahoga
Tu ropa me aboca
Tu ropa me arropa

No te puedo retener
Y por esta impotencia
Voy a cometerte los pies

Bajo el poder de tus nalgas
Cómo privarme de los ojos

Perdón, y gracias

Cuanto en ti huele
Duele

No te puedo aspirar

La devoración tiene su cuota

La música, nota a nota

El canto de cisne erótico
Es gótico

Aunque cisne

Tu minuto de fama en la cama
Me encarama!

Cuanto me enciende
Me descifra, me entiende

Cuidado con la barba
Con apariencia de alma
Y contenido de cama

Atiende a dónde tu mirada mira
Porque aquello a lo que tu gana aspira
Lo tengo

Estoy cargado

Apto para la ternura

Desempleado

La presencia del amor que no acaba
¿Cabe en tu jaba?

Estira la sábana

En cueros!

Como si fuéramos sinceros

Desnudos

Para quedarnos mudos

Crees que necesito ser procaz
Para ser veraz

No, verás

Sé que tu lecho es autónomo
Pero me tienes en un
Sofoco

Bueno, un poco

Vamos a compartir el pecado
Como un bocado
Del otro lado

Por mucho que maldiga la gente
Es verdad que te amo con pasión
Es verdad que te amo totalmente

Incluso el riñón

Nunca es tarde
Para el arte

De devorar
Te

Toda parte
Tuya
Le toca
A mi boca

En arte

Piensas que nunca nadie te lo va a hacer
Como tú has previsto

Ven

La obscena escena de un seno
O de un coseno
Inclina a la cotangente

—Cuidado con el diente

Nos vimos en este intervalito
Como enemigos uno del otro
Aunque anudados en el rito

¿Te necesito?

Vives la aristocracia
Del gozar sin amar

Vaya desgracia

Hirviente

Sufriente

Valiente

—Indecente

Voy a decir que sí
A cuanto me sale de abajo
Aquí

¿Y?

Exaltado

Al cielo de tu
Costado

Me haces a un lado —

Esta muchacha está loca:
Creer que este viejo es bueno
Y le toca

El orgullo de tu vicio
Me resulta un oficio
De desamparo

Yo también estoy abandonado

Cuando éramos solo amigos
Teníamos espíritu

Ahora somos niños malditos

Sí, tengo un tabú:

Tú

¿Te puedo estropear?

Es seriedad, no relajo

—Estás abajo

Crees que yo tengo un nabo
Pero se trata de un fuste con un capitel
Al cabo

Cómo te puedo dar un rabo

Vamos a dormir como hermanos
Y con tanto calor, encuerados

Primero córtame las manos

Toca
El arcano
Que soy

Con tu
Boca

Loca

Tu mirada me estudia
Tu mirada me turba
Tu mirada me abruma
Tu mirada me suda

Por el tamaño del descaro
Me siento raro

Tu olor es caro

Me celebras el beso
Lento
Y
Profundo

Siento
El peso
Del mundo,
Ciego

Cierto, cierto
Que parezca
Un entretenimiento

¿Hay cielo?

Ah, que me dominas

Si tus manos fueran asesinas
Mi amor no fuera ira

¿Quieres porno?

Voy a prender el horno

Me acuso
De este abuso:
Tu uso

¿Te quejas?

Te he faltado el respeto
Porque tu prohibida gracia
Me es reto

Perdón, es mi desgracia

Me insultas
Pero eso te encandila en la tragedia
De tu propia temperatura

La acusa

Más te valiera mi extravío
Que todos los aciertos que consumes
En frío

Prueba el pan caliente

Que no te caliento bastante

Porque tienes tu prejuicio delante

Despide al intruso

Me anulo
En tu

Te
Gusta
La
Fruta
Bruta,
Absoluta

—Disfruta

Me admites para que te compre
Lo que quisiera pagar, y pretendo
Sólo que me permitas mirarte,
Mirarte hasta hacerme daño

Mirarte hasta hacerme daño
Mirarte y que me destruya
El imposible de comerte
Con los ojos
                    Extraño

Verte:
Y que mi hambre huya

Vis
A
Vis

Tu nariz

Mi raíz

Mírame como a un garabato
Y pasa conmigo
El rato

Miro tu beso:

Los ojos cerrados —

Cierto, hay recreo

Tú tienes hambre de hombre
Y yo avanzo por el callejón
Insombre

Cómo me codician de mayor
Si de joven me despreciaban al por
Menor

La maldad como honor

Oh dime que me he vuelto sabroso
Como un verbo en pretérito
De la dorada edad del sexo
—Con mérito
Y con tiempo

Qué ideal esta época
De los cuerpos impecables
Y la mente seca

Se meten al añejo

Reo
Del deseo
Jamás tendré recreo

Te veo

Lentitud es cálculo

Demora es descaro

Dilación es ánimo

De hacerlo bien

—A fondo, humano

¡Adentro!

Y hasta el final como un distinto
Encuentro

Me sorprendo

Quisiera tenerte un rato
Para el disfrute mutuo y hasta para un
Arrebato

¿Enciendo el aparato?

El pilón es sin miseria
Y lo llevo entre las piernas
Para darte mi presencia
Casi
Eterna

Ven, que te ayudo
A que deslices tu mano
Sobre mi pecho velludo

Pon los labios

¿Soy rudo?

Cuánto dolemos

Como una supernova
O como un perro en celo

Cuánto queremos

Este muchacho hermoso
Me invita a una forma complicada
Del gozo

Este doncel doloroso

Asaltas al finito
Con muy poco criterio de infinito

Te gusta el bocadito

Dime, dama
Si yo existo en tu mente
Como una cama

Si tu gusto me jama

Tu técnica
Física
Es pírrica

Mi carne es ética
Íntima

Mi debilidad por tu carne
Ni pacto ni armisticio:
La burla de mi hambre

No hay que ponerle al sabor el amor

Él ya lo tiene mayor

Hay que negarse al sabor sin amor

En tu carne Dios

Oh cuán excitante
Saber que hay más
Por detrás
Y por delante
De lo que veo

¿Hay?

¿Me lo creo?

Tu cuerpo
Me deja tuerto

Tu cuerpo
Me deja ciego

Tu cuerpo
Me tiene muerto

No me hagas tu espejo

Tu cuerpo es un pedazo
De universo, un retazo
De Dios

Tu cuerpo es un retraso

Te tengo preparado un gusto:
Tú que me crees fino
Vas a toparte un bruto

Ay, el gusto, el gusto
Cómo me desordena hasta el
Susto

Yo no fumo

Me apena mi pene

Que está activo y es sabio
Y quiere cogerte

Me alegra mi pene
Que te tiene

Aprende que la dulzura
Tiene su temperatura

No te quejes del fuego
Sino del pésimo juego
Que haces tú

Ninguna ilusión sobre nada
Toda quimera en Dios
Y en la alborada mediocre
Tú, yo

Dime si vas a vestirte
O si desayunamos hoy
Con la botella que traje
De ron

Cuánto dinero
Vale lo que te hago
Por dentro

Porque te quiero
Un poco, si quisieras
El quiero

Tengo tus pies en mi cara

¿Caminarás mi rostro?

Ni avenida ni ganas

Tu desnudez por mi cuarto:
Momentáneo reparto
De mi soledad

A vestirse, estoy harto

El poder de la lujuria
Es injuria

Me

Sé que quieres escudriñarme
Por todos mis rincones
Y con hambre

Habrá unas sensaciones

O un calambre

Dime si merezco el trato
De un rato

Se me acaba el semen

Pero tú quieres ver cómo salta
Cómo estalla
Cómo emerge

Me sobra el universo

Nunca tu culo terso

Tu hechura
Me priva de hartura

—A lo hecho, lecho

Tu busto
Me causaba un susto

Se acabó el gusto

Ahora que de pasión me queda poco

Quítate ese trapo a ver si yo te toco

Sin volverme loco

Yo me invento mis ganas

Pero tú no las satisfaces porque son

Humanas
Quieres dinero

Gozas hasta el límite de mi monedero

—Cero

¿Quieres leche?

Quieres leche caliente

—Habría que encender la hornilla

Prueba mejor una rosquilla

O una cosquilla
Indecente

He insultado mi cuerpo
Con un deseo que sabía
Que era un desacierto

Pero me gustó y todavía
No estoy muerto

Crece mucho
El cucurucho
Si en la ducha te ducho

Estoy inerte

Déjame verte

Desnudo
Mudo
Sudo
Sensible

Vivible

Gozable

Abre y no me dejes que hable

Te saluda
Una mujer desnuda

Déjala muda

Me hago daño
En el baño

Soy huraño

La baratura
De tu dulzura

Me agria mi altura

Con el arrullo
Digo: jamás soy tuyo

A lo que dices:
Narices

Más deseo que carne:
He ahí el cebo
La verdad y el fraude

Despierto, muerto

—Dormido mido

2011

INFANTES INTELIGENTES

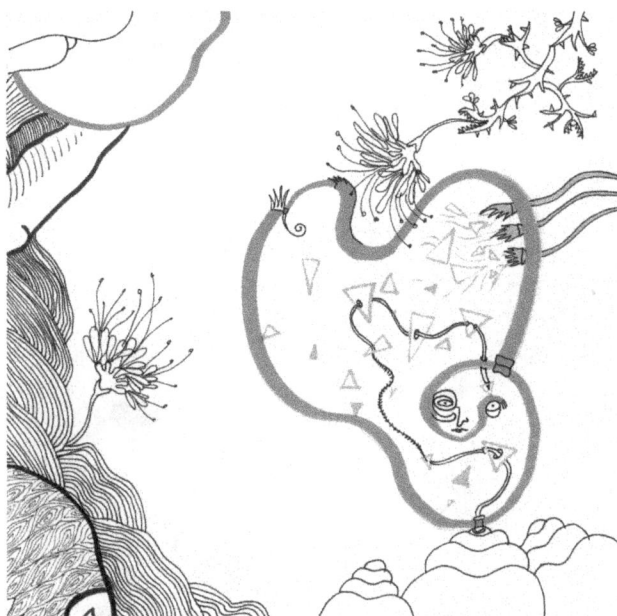

Para mi actriz favorita, Irene Aguiló y Arango.

INFANTES

Los infantes
Inteligentes

Aman a los elefantes
Conversan con las gentes

Elevan al cielo estrellado sus mentes

Los infantes
Valientes

Y las infantas también!

AL AMOR MOR

Para Irene

Al Amor mor!
Al Amor mi!
Al Amor ma!
Al Amor me!
Al Amor mu!
Al Amor tú!
Al Amor por!
Al Amor mor!

MATINATA

¡Alegría, alegría
Que estrenamos el límite
De la noche en el día!

¡Alegría, alegría
Que el sendero es purísimo
Y el Amor nos guía!

EL SOL ES UN LIMÓN

El sol es un limón

Y el mar es una gota de sol

¡El sol es un limón!

Y una gota de mar
Igual
Al precio del limonero en flor

El sol es un limón
De algodón

—Este limón

El sol es un limón de almidón
Y el limón una gota de mar
Al
Sol

Sí

—Este

ALGUNOS CASOS

Ha muerto el caracol

Y queda la cápsula admirable
Como un sol

El hombre murió

Y quedaron sus actos como un crisol

GIRO

El
Alba
Te
Arma
De
Alas!

Ama!

Anda

GUERRERO

Nadie te ofende
Si el Amor te defiende

El Amor está dentro

En tu centro

Úsalo

CANCIÓN DEL TAMAL

Todo está bien, muy bien
Y todo es también

Todo está mal, muy mal
Y todo es tamal

EL ALA DE LA LIBÉLULA

Para Marcel Besmar en su cumpleaños

La
Libélula
Alea
Alígera

¿Qué aligera el ala de la libélula?

La brisa

La ola de aire elástica y efímera

La
Libélula
Alea
Alígera

MES

Abrir
Abril:

Mil
Vientos
Contentos

De existir

Para abrir
Abril!

PARA VER UN DINOSAURIO

El tonto ve que un dinosaurio es un osario

Pero
      un dinosaurio
              no es
                   un osario

Un dinosaurio
          fue
             un saurio
                 vivo

No
   un chivo
         que es un mamífero
                  palmario

Un dinosaurio
        es
          un saurio
             activo

Aquí
     mismo:
         ¿lo ves?
           Míralo

VES EL MAR

¡Veo el mar, veo el mar!

Se mueve y lo voy a encontrar

Se acerca y lo voy a parar

¡Veo al mar llegar!

EGIPTO

En el Nilo
El cocodrilo

Se murió el faraón
Y lo han puesto en un cajón
De oro

En el Nilo
El cocodrilo

Y en el desierto la visión
De la pirámide, como un león

En el Nilo
El cocodrilo

En el corazón
De la pirámide, el faraón
En su cajón
De oro

Lo sacamos hoy

—Y en el Nilo

El cocodrilo

PARA DANTE CONSTANTÍN

1 EL POETA DANTE

El poeta Dante
Ha escrito un poema
Como un elefante

El poeta Dante

Sigue delante
De todos los poetas principales
Que se hicieron inmortales
Con una obra elegante

Dante es un gigante

2 CON MARTÍ

Aquí
Nació
Martí

Y
Si
Aquí
Vivió
Martí,

Yo
Viva aquí
Para que Martí
Viva en mí
Y en ti
Para una eternidad del Sí

PORQUE SÍ

Estoy aquí por el sí

Estoy aquí para el sí

Estoy aquí para el sí de ti

Estoy aquí porque sí

VAS AL MAR

¿Vas
Al
Mar?

¿Vas
Al
Mar
Y
Vas
A
Amar
El
Mar?

¿Vas
Al
Mar
A
Amar?

¡Vas al mar!

PORQUE

Porque sí
Porque si
Porque el sí
Porque sé que sí
Porque sé del sí
Porque sé del si que sí
Porque sé

¡Sé!

¡Sí!

EL AÑO SIN DAÑO

Para Ari Gabriel Porrata

Enero, potro cerrero

Febrero, no me muero

Marzo es de cuarzo

En Abril la lluvia es añil

En Mayo sube al caballo

En Junio no hay infortunio

En Julio crece el peculio

En Agosto no me agosto

Octubre me descubre

Hay un grupo trimembre:
Septiembre, Noviembre, Diciembre

En septiembre, no se desmiembre

En noviembre, siembre

Diciembre: reviva la urdiembre!

¡Feliz Año Nuevo!

ANDA

Para Kamilo Porrata

ANDA!

ANDA
HASTA
EL
ASTA

Y
ALZA
EL
ARMA
DEL
ALBA!

SÍ, HAY

A Rosslyn, por mi barba

HAY AMOR AQUÍ

HAY AMOR AQUÍ PORQUE SÍ

HAY AMOR POR MÍ

HAY AMOR POR TI

¡SÍ!

VERTICAL FEATURES

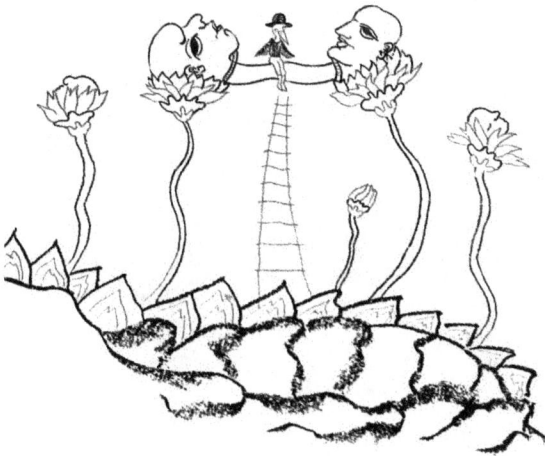

A José Luis de Cárdenas, creciendo con un júcaro.

YAGRUMA

¡Que suba, que suba, que suba la yagruma!

Con la plata y el verde y las aves que suma

¡Que suba, que suba, que suba la yagruma!

Y en su savia me asuma

AL POR MAYOR

Está cargado el limonero
Como mi obra a los cincuenta
Y el año en enero

Hubo azahar sin cuenta

¿Y ahora viene el dinero?

DE MÁS A MENOS

Como una pirámide
Asciende el cardenal

No un sacerdote sino un árbol
Mi señal:

Arder

Entero
Y
Vertical

ENORME

Bajo la cúpula del algarrobo
Me siento un robo
Del universo

De pie
Perverso
Escojo

LAUREL AMERICANO

Estallaba la semilla del laurel
Roja como mi adolescencia
Bajo mis pies

Fiel
A todos, a Dios y a él

Comenzaba a ascender

CEIBA

La ceiba
Me enseria

Seguirá estando ahí
Cuando yo muera

La ceiba
Me enseña

Presencia

Paciencia

EN CASA

Esta palma que llamamos britonia
Está tan alta que nunca
Le veo una hoja

Pero la penca
Cae

—Y las semillas

Llegan de arriba cuando se le antoja

JUVENIL

Yo amaba al almendro
Porque se ponía rojo desde dentro
En sus hojas de invierno

Envejezco

En vez
Gráname adentro
El envés

HACE CRECER

Un júcaro
No es una pieza de
Búcaro

El júcaro es chúcaro

Sólido como una peña
Indómito, lúcido

Míralo húmedo

MUJERES DEL VIAJE

A Litsy de la Cruz, afuera.

Sobre las nubes, una princesa negra
Me contemplaba, pícara, ingenua

Su tocado de trenzas:
Mi soberanía sobre la tierra

Yo la había mirado primero, porque
Volábamos sobre los cirros
Y era africana y perfecta

Fui hasta el fondo del ómnibus
A quedarme de pie por solo verla

Sonrió, me pidió el portafolio

Yo era joven y atlético, pero
Delante del monumento, un ogro

Charlamos, disfrutaba
La pasión del hombre inteligente
Que nunca la tendría, se burlaba
Del listo sin suerte

Eran grandes y verdes los ojos

Eran un abuso los propios

Debía huir por dignidad, pero en la acera
Me volví
Y vi en la ventanilla el rostro

Me traía flores

Tiempo de dolores —

Yo consentía la piedad
La corona fúnebre del pobre

Eva María
Me quemaba incienso

Y aderezaba
Una natilla de caramelo

¿Merecía ese homenaje?

Todavía lo padezco

De aquí para allá y de allá para aquí
El abanico
Único,
—Un no como un sí
Un siglo de aristocracia criolla
Frente a mí

Iba a empezar el filme, conversaba
Ella con una amiga, me ignoraba
Sabia, creída, despiadada, hipócrita

—Suprimieron la luz

Mi alma pudo ser otra

Era lesbiana

Era lesbiana
Por la mañana
Al mediodía
En el ocaso
De madrugada

Era lesbiana y madre

Yo no quería una hermana

Gracias

Ese vestido blanco, y ceñido
A su ritmo
En la calle era delito

De una a dos de la mañana
Frente al espejo del cuarto, bendito

Viajaban al futuro luminoso
Las cubanas perfectas

Rectas y dignas de la patria
En un carguero a la Unión Soviética

Yo era el excluible, el fracasado
El poeta

Iban las muchachas impecables

Y regresaban ajenas

Vio su arquetipo

La barba ayudaba. Había frío

La llamaron del auto

Oí el portazo —

En fin, no era mi tipo

Por el puente
Con esa cabellera
Extranjera
Diferente
Dorada, certera

Iba y se volvió, yo estaba enfrente

En la misma acera
Demente

El culto de la mulata
Siempre me supo a lata

Pero en la esquina, esa espuma
Bruna
Sobre sus hombros se desata

—Y la mulata me mata

Me miran, pero sé
Que ven solo su cábala
No mi rostro o mi cuerpo o mi destino
Sino
Una muy distinta fábula
Tan tonta como la mía cuando paso y miro
Y se me hiela el ansia

Lleva prisa

Delicada y mimosa como
La sonrisa

Todo va bien, he comprendido
Sin un blasón, su divisa:

Yo soy tu ara, y por favor
Quítate la camisa

Se maquillaba

Trabajaba sus ojos como una transparencia
del alma

Fina, como una flor muy cara

Gorda, maternal, cantaba
El *Pange, lingua*

Amaya

En la pantalla

Esa muchacha secuestró mi hora

Dios me quitó lo que tiene. Asombra

Lo prohibido. Ella lo nombra

—Mi hora adora

Me voy sin esa distancia que se alcanza
Me voy sin esas manos de estilo
Me voy sin la libertad que nos agarra
Me voy sin haber quebrado mi destino
Me voy por un hambre que no se sacia
Me voy sin haber vencido el sitio
Con una permanencia duplicada
Y obstinada en su sentido,
Me voy criando hijos para el prójimo
Me voy sin la paz de ser querido
Me voy sin haberme sido el otro

Me fui sin comerme el oro de tu rostro

SEMEJANZA

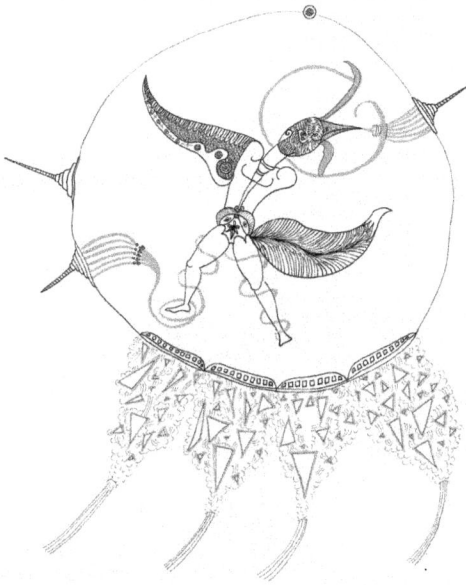

A Mario Ramírez Méndez.

Soy la presencia en el astro
Y la silla en la conciencia
Soy la conciencia del acto
Y el imposible como ciencia
De ser, el hambre tremenda
Esperando el milagro

Soy leyenda

La brasa como un lirio:

La sábana

Mi aventura pequeña como una
Parábola

Verdadero y abierto

—Sin mácula

Habla, corazón,
Que te han secuestrado la palabra
Pero jamás el don

Habla muy alto de Amor

Con Dios

Por Dios

No me quitarán la patria
Que me dio el bisabuelo, con sangre
Y con ansia

Yo la sostengo en el alma

Yo la edifico con ganas

Yo soy un príncipe de Alegría
Que Tú has criado y que te fía:
Yo pronuncio la exuberancia
Que tu plétora me escancia;
Yo estoy más allá de mí mismo
En la cumbre y en el abismo;
Yo estoy salvado en la porfía
De lo que afirmo y lo que miento;
Yo soy Hijo de Dios, atento
Al Día

Que no me duela nada
Ni el futuro ni el llanto
Ni el pasado o la rabia

Que no me tenga lástima

Impasible amando
Mire yo lo que pasa

Que se me yerga el alma

Que a la cumbre ofrezcamos el trabajo
De abajo
Y en la cima
Sacrifiquemos el relajo
Que nos obstina
Bajo
Carajo

El dominio de mi casa
Creciendo desde un júcaro
Por Dios y por el alma

Mi sitio en la patria

Sed hoy dichosos
Varones de la suerte
Muchachas del gozo
Parejas de la eternidad ahora:
Amor les adora

Sed felices, matrimonios

Un hambre de gracia
No cesa
Una urgencia de belleza
Que no sacia
Una ausencia de toda desgracia
En la que estoy clamando yo
Príncipe de tu certeza

Ayer
Supe crecer

En la sima del hoy
Soy

Espero el mañana

La muerte y la vida temprana

Sin fin

Vivir el día a día
Amoroso
Cumpliendo el don de ser, el gozo
De la ley de existir que me cría,
El sufrimiento y la desgracia en armonía
Sin pasado ni futuro, el tiempo
De mi obediencia, portentoso

Que yo no interrumpa el bien

Que pase
Y me arrase
Y al otro, y a nadie, y a cien

Hace y deshace
Y el bien siempre está bien

Del bien
Rehén

Nadie me vio. Sin rostro
Padecí una juventud
Unos años de lucha y de desgracia, un
Propósito de dicha y de virtud

Me has visto Tú

Padre, me miras
En la creación y el sacrificio

¿Me admiras?

Sea yo tu oficio!

Lo que pasó está ausente
Lo que está pasando es pasado
Es real el futuro: mi muerte
Buscándote, Tú a mi lado

Para ayudar a morir
He gastado la vida
Que jamás iba a vivir

Por querer y rendir

He vivido mi hambre
Como un rango del mundo:
En un segundo
La eternidad era un calambre
Rotundo
Enderezándome

Crear
Creer
Sin esperar
Ni ver

Ser —

Coraje de vivir para morir
Coraje de servir para morir
Coraje de morir para vivir

Coraje!

Que me raje el coraje
Pero que yo
No me raje

Mi vida crea

¡Sea, sea!

Por el acto de hoy
Ni homenaje ni premio
Ni la fama de Dios

Porque sí, porque soy

—Porque me doy

Por siglos
El mérito escondido, preterido
Del pobre y del humilde, el lirio
Que nadie ni miró —
De cara a Dios —,

¡Muchedumbre en los siglos,
Erguidos!

Sí, yo me exalto

Tú que te supones abajo
No me admites tan alto

Es mi trabajo

El canto, el canto

He vencido

He aceptado al Amor

He servido

Por deberes de dolor
Va mi nombre mayor

Vivo

Cualquiera que fuese el daño
Estás aquí para amar: no arrojes
Tu poder en el caño

No me enojes

He aquí el pecado
Al que estoy condenado:
Como me gusta, lo hice. Estoy
Perdonado

Miro al Tiempo y le digo:

Yo no te pertenezco,
Tú eres mi tren equívoco:

Mi celo
Sin fin, carece
De duelo

Sigo —

Miro al Tiempo y me quedo

¡Tengo salud!

En la cuna, en la calle, en
El ataúd

Tienes Virtud

Yo soy el Día de Dios

A toda voz

Es Dios, y la rosa

Sea!

Sí!

Recrea!

Te hiciste propicio

El cepo del deber como vicio

Ofrecido a la obra en sacrificio

Hazte servicio

Si nadie ha sido para mí
Es porque yo soy para todos:
Roto, oculto, fuera de mí
—Propio

La obra
Hierve

En el verano me sostienes
Como un jóveno que tiene
Lo que hay que tener

Que cree!

Creyendo

Estoy en el Centro Divino
Siendo

Viendo

Haciendo!

Soy la gracia de la Alegría
Desbordado de amores
Porque el Amor me fía

Sí, estoy en lo cierto:

Miro

El cielo

Abierto

Me desafía
El vigor del verano, el mediodía
De Amor

Yo soy el Día!

Padre, cómo te dudo
Si tú ni vienes
Cuando yo te acudo
Porque me mantienes
Desde niño, en mis bienes
Obstinado, duro

Desde la cima de mis días

Sonrío
Y
Grito:

¡Bendito Dios, bendita
La Vida!

Di, y obtuve
El dar

Me di, me tuve

A donde voy
Ya estoy

Vacío
De lo mío

Yo río

Yo soy

El poder de ser
Me conserva derecho
Y me obliga a querer

El poder del Ser
Me esculpe en el hecho
El haber

Tu Poder de Miel

He vivido

En la nave del astro
Y en la espuma del siglo
Puse la piedra, escogí la muerte,
                    me encontré en el grito
Y sólo una honra y una risa exhibo:

Sí, yo he vivido

He creado, he existido
Como una mano que obra
Un sentido

La vida me sobra

Orientado, decidido

Tú eres real en mí
Como un gozo que rige
Y un suplicio a cumplir

Yo soy real en ti
Como un sueño que sueñas
Porque sí

Despiértame así

Muy rara
La dulzura

A los bandidos la cara
Y de los santos la cura

Es cara

Perdura

Mi dulzura es tu altura

Mi dulzura perdura. En la altura

Algunos vivieron
Como quisieron

Todos murieron

Nadie supo existir

Existo, obedezco

Crezco

Crear es vivir

Al azar

Completo y dado, salvado

Amar!

Creyendo y creando
Habito el cielo de mi vida
Dando

—Dándome

Solo y sobrante
En el número de los inútiles
Desconectados

Adelante

Mi
Carácter —

Como un puñetazo en el

Fraude

Necesito la lucha
Como una bendición de mi conducta

Sí, raro

¡Duro con el descaro
Que me ensucia, me insulta!

Espera
La espera

Como el invierno que parece
Primavera

Crece

Ahora

Afuera!

Fugitivo

Fugitivo
Pero
Vivo

Yendo
Confirmo la eternidad
Siendo

Me
He
Ido!

Estoy siendo
Sido!

Estoy

Hoy

Voy!

Contento
En el silencio
De soledad, atento
Al estar del alma, inmenso

Cierto

Ser, estando
Es mucho más que un don, es
Ni dónde ni cuándo

Ser estando!

Me machacaron

Me rompieron la suavidad, me
Cortaron el alborozo

Sin embargo
Sigo en la ruina así

Creyente
Sabroso

Hay
Gracia!

Hay Gracia en la desgracia

Hay Gracia en la acacia

Mi tía abuela Engracia

La
Gracia

Me
Espacia

Saber decir adiós
Como le dije al mar un día
Entretenido, es alcanzar la voz

Seguir, con Vos

No me vayas a quitar la muerte
Que me dejas como los cobardones
Sin aventura fuerte

Amárrame los cordones

Estoy
Delante de los ángeles

Perdón para la injuria ajena

Sí, tengo hambre

Hambre de lo mayor
Que me completa

Dieta
Secreta

Ardor!

La vida excelsa

La hora que percibe
El cielo práctico, la fuerza
Que te escoge y te escribe

Sobrevive

La fe
Tersa

Quieren que yo me calle

Que sea como los otros, un
Pedazo de hambre

Y detestan que estalle

La vida es una deuda
La muerte es un regalo
Del Ser que me hace ser, y siendo
Es Acto

De la memoria
Conozco el tesoro
De gloria

La cumbre de Dios en mi sangre, su grito
En mi historia

Esclavo de la queja, resucito

Sé que esa gloria me obra

Si yo soy hombre, semejante a Cristo
Por qué no me respeto
Por qué yerro
Por qué peco
Cómo desisto

Si yo soy hombre, semejante a Cristo

Aquí se escoge lo mejor
Con el descaro de la altura
Y el riesgo de la pasión

Aquí se cree en el Amor

Viví con la cortesía
Del Amor que me cría;
Anduve los arrabales
Insultando timbales;
Hice lo que debiera
Y declina cualquiera;
Y mírame en la victoria:
He cumplido, estoy listo. Soy historia

Toda la realidad
Al precio que quieras

Todas las fieras

La verdad

Se fue el loco, el inocente
Que nos acompañó la culpa
Y murió con cara de gente

Valiente

Estoy solo

Como un río, como un árbol, como un pájaro
Loco

Estoy

Oigo

¿Te escucho?

Tú me gritas pero yo
Ya no amo mucho

—Lucho

Voy roto

Me agoto

Que se deshaga la farsa para ser

Otro!

Me quejo, me quejo,

Viejo

Con el infinito delante

Cedo

Accedo

Como un manotazo de alegría
Vuelve tu misericordia

¡Bendito tú que insistes en salvarme
Siempre, a deshora, ahora!

Solo

Como el oro

Nadie quiere al loco
Al diferente con ínfulas
De padecer otro rostro
O el propio

Todos prescinden del ogro
Que destroza la unanimidad
De los cortos, los sonsos, los bobos

—Loco

Solo
Como
 El
Oro

—Porto

El gozo!

Elegido para ser
He padecido una avidez
De hacer

Electo para ver!

He visto

Y del odio y del crimen
Desisto

He visto
Y, viendo, todavía
Existo

Persisto

He visto la alegría!

Si Tú me dieras un solo ladrillo
Para poner el pie, haría equilibrio
Sobre mi pierna enferma, para saltar

Al vacío, a lo real, al Paraíso!

Amor, mis privilegios
Déjame debértelos
En serio

Con fervor
Con acción
Con pasión!

¡Bendito el destierro
Si este azul me exilia:

Tú me arrebatas: estalla

La rosa

Amarilla!

Un Ser más enorme que persona alguna
Domina mi diálogo con una
Pregunta
Importuna:

¿Me amas?

Un Tú más enorme que persona alguna

Hice
Lo difícil

Mentir
Medrar
Huir
Triunfar

—Irreconocible

Sí, sí

Lo quise

Yo no vine a durar
Vine a pelear, porque
Durar es pasar

Pasé

Tomé
Café

Y

Dios

Es!

Vida falta, amor se intenta
Y el atrevimiento te levanta
Te conduce y te inventa

Habrá Vida en el Amor

Me tienta

De tanto que me diste
No he de pagar ni con el poco
Sufrimiento que insiste
Del que me quejo como un bruto, mientras
Me esculpe y me asiste
Así que la muerte avanza y el Amor
Embiste

Acosado
Por legiones de demonios, como
Digno soldado
Tú estás conmigo, Tú eres Amor
A mi lado!

Que voy a ceder

Suponen esos infelices que
Les puedo temer

¿Cuándo temí? ¿Ayer?

Ni hoy que deseo morir para ser

Quitármelos de encima

Ver!

Probamos, probamos

Y podemos

Que la confianza que nos damos
En el Creador, la tenemos

Triunfamos!

Hay porvenir en la muerte
Y nos aferramos al tiempo
Para un futuro inerte

Morir nos limpia, y convierte
Al tiempo en eternidad y al fracaso en suerte

¡Amiga, quiero verte!

Que ganen los perversos
Yo fracaso, soy bueno

Les he regalado el triunfo
Idéntico al abuso

Mi rumbo, inalterable

Tú me empujas, qué alarde

Tú eres Señor!

Barata es la victoria
Como el mundo y la historia

Para el miocardio fuerte
El obstáculo inerte

Que me quito del medio porque creo en Dios!

Algo más que el mar

Constante, incesable, en ráfagas de perpetuidad

Otro cielo, además

Y

Quedar!

Siempre, siempre

Siempre y más

Más y más

Más, y siempre

Adorar!

Que haya corazón
Aun en el error
Y en el corazón un son
Adentro
Un centro
De adoración

En indoblegable acción

¿A dónde va mi prisa?

Hay misterios que mueren y otros que matan de
Risa

Con garbo

Quitarse la camisa

Alegre
Demente
Con la misma fiebre
Que me hizo gente,

De frente!

Demente,
Alegre

Bien: mi furor perdura
Porque yo sigo aquí
Pretendiendo la estatura
Que me arrebataron y perdí
Y resurge ahora del firme de mi hechura
Como un
Sí

Porto

Una
Cantidad

De alma
De gracia
De calma

No te ha tocado a ti. Obedezco

Distancia!

El maltrato
Dura un rato

La muerte
Te venga y divierte

Hacia adentro
Cierto, cierto

Cuanto tú pusiste en mí
Como una firma de hierro

Vuelo!

Amor de los amores,
Debieras congelarme estos ardores

O elevarme hasta la Cátedra del Fuego
Alumno de calores

Me repito en el delito

Te cito
Desesperado fácil

Y, claro, tardas

Bendito!

La nunca visible hazaña

Esos sí, los tipos con sus puños

La saña

Y la tela de araña
De una voluntad de ternura, extraña
A todos

Calaña!

Soy alegre, quiero morir

Deseo yo más vida
Que la permitida

—Quiero seguir

Estoy alegre, voy a vivir

Voy a dar más

El año
Para el tacaño:

Y la eternidad
Además

Voy a acabar

Estoy esperando la esperanza
Por aquello que he sido y ahora soy
Y por cuanto mi ser busca y alcanza
En Dios

Avanza!

Espero
Nunca lo que quiero
Que es torpe y es absurdo, sino
La burla de cualquier destino:

La claridad del sendero

Les hablo, por caridad
De la palabra un adarme

Gritan que debo callarme

Sí, mi silencio es verdad

Que hable
El curable
Y diga:

Siga, siga
Inacabable!

Bien alimentado en Dios
Intento ser uno con dos

Y somos tres, pero no como Vos
Aún

Mamá, nací
Para el servicio, y cumplí

Ahora ayúdame a morir
Con todo el Sí

La sombra de la muerte nos liberta
Del peso de este mundo, nos deshace
Su obra muerta

La vida de la muerte nos alerta

Oportunidad alguna
Hay ninguna

Está llegando, va a llegar

El mar

¿Alguien es algo?

Yo he sido cima
Y ahora
A deshora
Me caigo

Mi cabeza se inclina:
Mi altura me elimina

Valgo
Un galgo
En el universo, pero
Entero

Me salgo

Lista para ser largada
El áncora
En Sábado Santo

Déjame defender mi casa
Mi patria
Mi alma

Yo había nacido en tierra pero era de mar

Yo padecía una risa y pretendía ayudar

Yo era un tonto y sabía amar

Le di la espalda al mar
Aquel día, como quien no vuelve
Más

Mi mar se iba conmigo
A acabar

Salir
A pasear
Como el mar

Ir

Para llegar
Para quedar

Soy
Medio
Ocre
Pero el ocre
Tira al oro
Que adoro
Y me escoge

El deber de amor
Me saca de mi nada para hacerme

Calor

Universal

—Favor!

Cuídate: haz locura
Que los tipos sensatos
No tienen cura

Presérvate de la cordura
De la balanza del listo
Que pesa basura

Defiende tu estatura
Demente, que el esclavo y el amo
Abdican de su altura

Eleva ahora mismo tus locuras
Que este mundo va a seguir
A oscuras

El Cobre, MMXV

Amada,
Estás tan lejos como una gloria
Acabada

Amada,
Eres la misma con la cara
Cambiada

Amada, ahora eres una daga
Sin dolor

El todo de esta nada
Un disfraz de Dios

Cuanto asciende
Me defiende

Cuanto desciende,
Me atiende

Metáfora de pulpa de melón
Lozano todavía el corazón

Y se lo pierden, sin razón

Estoy que me regalo

Por todo lo vivido, estoy vivo
Y malo

El que más ama
Se queda sin cama

El que más ama
Cría mala fama

El que más ama
Clama

Por tanto:

Cuanto
Entretanto
Da tanto,

Me aguanto

Me levanto

Caliente
Caliente
Subiendo de mis médulas con un impulso
Ingente

Decente

Lo siento:

Yo ejerzo
Un derecho
A ser excelso

Me lo ha comprado Dios
Con su sangre sin defecto

Perfecto
Amor

Mira tú que eres común

Como un
Aún

Mira tú que eres milagro:

En ti consagro

En la playa
Cuando el agua quemaba
Vivir era un avatar del cielo, una
Imperiosa batalla

En la playa
El agua
Quemaba

Aquello que tuviste como bueno
Has de rendirlo nunca
A la voluntad trunca
Y a la elección del cieno

Aquello que tuviste como bueno
Hazlo trueno

La amada, la amada
Igual a la vida adorada
Salvada
Aquí

¿Aquí?

Estoy sobre la tierra
Amante y erecto
Noble o perfecto
Con una libertad que jamás yerra

—El cielo me encierra

El día está salvado

Son las nueve y he regado
El júcaro

He creado —

Al mediodía

Dado

Viene de mi juventud
Un grito
Bendito

Dorado, azul y blanco
El rito
De salud

De mi juventud:
Ningún ataúd

La culpa de la patria
Me acaba

El crimen del hombre me arrasa

—Mi culpa pasa

Nosotros, los débiles
Recusamos pistolas
Rosadas o rojas
Nosotros, los flébiles

Nosotros, los frágiles
Duramos demasiado
Y con tanto cuidado
Nosotros, los gráciles

Nosotros, escuálidos
De mundo y de carne
Soportamos un hambre

Nosotros, los mágicos

Mi hora exquisita

Un acontecimiento universal
Y nadie lo divisa

Hubo una sonrisa

Soy un pedazo de escándalo:

Tácito en la grita

Cruzo el puente de sándalo

He aquí lo que sube:

Lo que no tuve

Lo que anduve

Ardiente, ardiente
Desentendido del diente:

Mi frente

En pedazos

Del cariño, retazos

Abrazos!

Cuando espero soy fiero

Cuando no espero, fiero
Soy

Si yo fuera amado
Tendría un cuidado

Si yo fuera amado
Miraría para el lado

Si yo fuera amado
No existiría Dios

Yo practicaba un amor verdadero

—Era un guerrero

Yo ejercía una razón de actuar, un
Escogido sendero

—Y aún la tengo

Viera ahora el mar

El muro azul a saltar

Viera el mar para amar

Frente al muro, mirar

El mérito de carecer
Me ha hecho ser

La opulencia de lo real
Me aparta del mal

Doy testimonio mortal

He triunfado y fui nada

He caído y obtuve

La mirada

Que me levanta!

Yo no quiero odiar

Soy tonto: me gusta amar

—Me gusta el mar

Le tenía miedo al mar

Yo tenía dos años

Me obligaron a entrar

No moriré en el mar

Ya

Abierto

Al estar,

Estoy

Cierto:

Ahí viene el mar

De la soledad y el espanto
Haz la protesta
Impávido de tanto

Duerme la siesta

Deja, deja afuera
El diablo y el mundo
Y el dolor que fuera

—Adentro, sé fiera

Hállame en la derrota

Que venzan los que tragan carne
Y padecen gota

La derrota
Mis vicios
Agota

Del oficio
El beneficio

Del abuso
El uso

Del fracaso
El caso

De la suerte
La muerte

Sin Dios

Ahora que me sobra el universo
Me ofrendan vino y rosas
Y un lecho terso

—Tú me acosas

Del oficio
El servicio

Del abuso
El desuso

Del fracaso
El paso

De la suerte
La muerte

A por Dios

Mi alma me acompaña
Cuando me voy muy solo
Y mi odio me daña

Mi alma me acompaña
En el duelo y el dolo
Y la saña

Mi alma me acompaña
Si en delito enarbolo
La entraña

Mi alma:

Acompáñame!

Tiempo no me falta:
El tiempo es la falta

¿Me falta calma?
La calma es el alma

Yo fallo así:
Fracaso en Ti

Mientras tanto
El malo cae, yo
Me levanto

Me adelanto
Al desastre del día
Impasible de cuánto

Mientras tanto
Desaparece el universo
¿Hay quebranto?

Déjame ver el alma
Con calma

No como un destello sino como una
Palma

Déjame admirar ahora el alma
Que se salva

La obligación de ser

La dificultad de estar

La posibilidad de trascender

El mar

Arar!

Oyendo rumor de mar
Me gobierna la gloria
De estar

Viendo ese ruido llegar

¿Quién me vio?

¿Quién miró
De frente
Al otro inexistente?

Quién sino Amor

La pasión por cumplir
Es cumplir la pasión:

Servir
Con el don

—Y cumplirse al morir

Dime con quién converso

Si hablo con mi vacío o con
La roca del universo

Si por el verso

Soy converso

Mi tiempo está en el mar
La muerte es vulgar

Mi tiempo está medido
Con sentido

Mi muerte está al llegar
En el mar

Mi muerte está en el mar

Esta vida es vulgar

Haber amado
Te limpia del fracaso
Del ahora y al lado

Haber amado
Te salva del olvido
Y de ser recordado

Haber amado, entregado

Soldado

De soledades:

Las edades
De mi memoria, maldades

En soledad
La verdad

Curadora del cuerpo y del alma
Mi muerte
Me advierte:

Ten calma

Curadora del cuerpo y del alma
Sin suerte

Llévame a alta mar
Que en la marea baja
Me voy a ahogar

Mi alma trabaja, trabaja

Remo, y confiar

Qué sabes tú
Del león y el cordero
Y el avestruz

Qué sabes tú
Del nene ahogado en el agua
Azul

—Qué sabes tú

De la luz —

Hay que arder, hay que arder
Hay que arder
Hasta caer,

Hay que arder, hay que arder
Hasta ver
El Ser!

Yo soy
La prisa
Que te avisa:

Ya llegas porque
Voy

Yo soy donde no ves, donde
No estoy

Yo soy tu risa

Yo soy!

Amando
Creando
Enseñando
Cumplo un propósito sobre el que no tengo
Mando

Rengo,

Silbando

¿Vamos?

Ya estamos

—Estallamos

Desde Ti

—Nos salvamos

¿Quién mereció la existencia?
Aquel que tuvo más corazón que ciencia

¿Quién justificó el oficio?
Alguno que prefirió el sacrificio

¿Quién tuvo muerte?
Ninguno. Sé fuerte

Entre el cero y la nada
Cultivo un recurso
De calma

Entre el cielo y el ansia

Ame yo la vergüenza de saberme
Enfermo y animal:
Haga yo un esfuerzo que me encuentre
Adelantadamente terminal:
Y que sea mi triunfo como el aire
Invisible y real

La luz primaveral
Besándome los ojos
En la tarde casual

La luz
Final

Ver
Para creer

Pero no vemos:

No creemos
Ver

Fue hermoso sentir
Cuando podíamos amar
Hasta la médula

Qué bueno abrazar

Ir

Aquel que vio en el Amor
Ha visto por todos
Su amor en amor

Aquel que se vio como Dios

Quién vio como yo
El río purísimo
La puesta de sol

Quién vio como yo
La tea del santo, y del héroe
Su clamor

Quién vio en el Amor

Con tanta pasión he vivido
Que no recuerdo el sentido;
De tal forma he fracasado
Que sigo siendo un soldado;
Sé que no alcanzo a quererte
Porque me niego a perderte

Hay mal y estoy bien

Amén!

Yo presido el universo
Y le doy una patada porque lo encuentro
Perverso

Escribo un verso

De la soledad
La verdad que me aleja
De la gente, en verdad

De la soledad ni una queja

Toda la sola edad mi edad

Mi edad es mi era

¿Un imperio cualquiera?

Mi edad es certera

La soledad del excelente
Está bien. No es gente

La soledad de la excelencia
Es culpa de los otros. Desobediencia

Contra el Creador

Yo he habitado el infinito
Perpetuo de juventud
Borracho de estar bendito

Era un tiempo de salud
Útil como un delito

Me alegra
La extrañeza
De haber sido

Fui otro y sigo

Seré si persisto

Yo no vivo

Si viviera
Muriera
De júbilo efectivo

Por ahora la Alegría

El Estado de Júbilo
Me aguarda como el Día

Cuándo acabaremos de decir
Las palabras de Dios
No el corazón del Verbo, sino
La traza de su Acción

Nunca podremos pronunciar
Un Vocablo de Amor

Que yo careciera
De un tamaño de entrega
Que yo me batiera
Con la estrella
Quemándose fiera
Hasta afuera

Que yo me diera

Morir como vaciar
El ser recibido
Enriquecido
De amar

Morir como dar

Entrégate en la muerte
Con la suerte
De haber amado y bien

Siempre de la entrega rehén

Cuando anduve enamorado
De aquello cuanto amaba
Me creía soldado

La pasión se acaba

Pero sigo armado

Así permanezco contigo:

Cercano, como un enemigo
Distante, como un amigo

Siempre testigo

Dame albergue en la Tierra
Como el mar en la costa
Como el pájaro en la sierra

El universo me acosa

Me instala tu Presencia

Cuando me ofrezco
Crezco

Si me doy soy

Sin fe, insistir
En resistir, no en vencer
Con fe, persistir
En creer, para ver

Existo

—Resisto

Conquisto

El hoy

Porque he vivido
Supe el sentido

Porque seré, soy

Soy
Hoy

Estoy

Voy

Tanta gente teme desaparecer
Siendo que no han sido

Tanto
Santo
Perdido

Hay Ser

Mírame cómo sonrío
Porque he vivido bien
Porque fío

Tenme rehén
De lo tuyo, mío

Esta es mi victoria: en lo oscuro
Perduro

Mi victoria he cumplido: en la luz
Tuve cruz

Sigue tú mi victoria con Dios:
Yo soy tú, tú eres dos

El mundo está bendito
En mi soberanía:

La vida es un puño de alegría

Tú eres delito

Confía

Feliz
Como el maíz,
Más acá de mi historia
Más allá del aquí

Feliz
Desliz:

Reír

Ha venido la muerte
A explicarme que voy estando
Inerte

Yo tengo fe de tenerte
Ahora, después, siempre

Dime
Las antiguas palabras del calor

Quémeme el fervor

Delante de los ángeles
Estuve
Culpable

¿Me detuve
Delante de los ángeles?

Afables

Abundancia!

Es la marca del ansia

Abundancia!

Escancia, escancia...

Esta palabra tiene que existir

Y que triunfe el silencio
Del decir!

Vivamos hoy, amada
Con tanta perfección que hasta nos sobre
La almohada

Tú, con Dios

Y yo con los dos

Miraba el sol en la playa
Subiendo
Del agua

Mi alma de púber, confiada
De estar luego, muy luego,
Como ahora estoy, entero

Miraba

¿A quién hablaré?

Yo soy aquel que no escuchan
Al que no alcanzan atender
El pacto del actuar que rehúsan
Que no intentan, que no pueden saber,
Para gustar lo que buscan
Para crecer desde el ser

Hablo y me escucho ayer

¿De qué mueres?

¿Vives de gloria o sufres de alfileres?

¿Cómo eres?

Yo me quedé con el amor

Otros vivieron pasiones superiores
Otros conquistaron corazones
Unos comieron camarones

Yo me atuve al dolor

Yo me quedé con el amor

El Nombre de Dios es Amor

El mío es dolor

El Nombre de Dios es Poder

Nunca pude ser

El Nombre de Dios es el Soy

¿Soy? Me doy

He visto tu majestad:

Aquellas
Estrellas
Y muy poca edad

No he visto tu majestad sin edad

Vivo de tu esplendor, Amor

Sufriendo como un príncipe

Jubiloso ante el índice
De tu Acción

Vivo de tu Verbo, Señor

Serví al dolor ajeno

Y permanezco divertido
Y sereno

Mi dolor como un trueno

De haber predicado a gritos
Al fin tengo un silencio

En el instante en que despierto
Duelen unas palabras y estoy cierto

Este es tu acierto:

Estarás dormido y despierto
Y no muerto

Diestro

El templo
Del universo

Y el de mi cuerpo

Dañados por la desmesura de tu Amor
Habrás de reconstruirlos con tu Genio

¿Sin mérito, irme?

¿Reducirme?

Morir creciendo en firme

Nunca dejes de amar
Porque tú eres el amado, el que sabe
Ganar

Mírame estar

Ganar el olvido
Para ejercer el ser
Para alcanzar sentido

Desaparecer
Sin ruido,
Ido

Atente al espíritu

El alma
No tiene calma
No tiene palma

Ahí en tu sitio

Que sufran los que vivieron

Nosotros los torpes
Nada perdimos

—Extraviamos el miedo

De lo que el amor viviera
Soy lo que fuera

De lo que en amor no he sido
Estoy vencido

De lo que en amor seré
Haz té

Miro tu desmesura
Tanta galaxia que yo creo inútil
Esa fría locura

—Desde mi altura

No, no se piensa

La ofensa

De la impureza
De la rudeza
De la violencia

A la basura esa experiencia

Me ha marcado el mal

Pero se espanta con mi alegría
Final

En el bien iniciando
Mi risa cabal

Del mal, ligero

Atento a lo verdadero
Sano en el rumbo certero
Rehén de lo bueno

Limpio, bandolero

Para vivir sin morir
Morir sin vivir

Ahora, viviendo, así

Si vas a echar suertes,
Hay ley mejor

Estoy nutrido de muertes
Y sufro este resplandor

Háblame del destino
Como un desatino

Con una jarra de vino
Cuéntame de tu intestino

—Escucha el trino

Déjame hacer amor
Estallar en el acto
Y regresar mejor

Déjame devorar dolor

En vilo

Con estilo

La era era

La era al hilo

Ahora que desaparezco
Vivo un impulso como de que
Crezco

Me lo merezco

Me declararon prescindible

Excluible, risible

En la tropa del desamor
Me hice
Invisible

Me escogía Dios

¿La vida es bella?

Belleza es vida

Recibida
Estremecida
Dirigida

La vida es ella

Deshaz
Mi faz
Falsa

Vuélveme
Al ser
Que me diste al nacer

Perdí mi rostro, me falta
Verme
Ver

Estas palabras, Señor,
No necesitas oírlas:
En ellas te escucho yo

No sé cuidarme

Excediendo la tarea
Ni un adarme

Nada me recrea

Sé darme

El precepto
Del buen morir
Acepto:

Darme al ir

Dar
La voluntad de vivir:

Cesar

Seguir

Voy rengo,
Cañengo

Tengo
Odio, tristeza, desconfianza y espanto

Y tanto
Abolengo

Con nadie me vengo

La fe la obtendrás en la lucha:

No por el mérito sino por la escucha
No por la victoria sino por la mucha
Fe

Es para mí, para mí

Vivir
Es para mí como un chiste

Soy el pobre a quien quisiste
Dejarlo sobrevivir

Es para mí morir

¿Cómo destella ese cuerpo?

¿Cómo un espejismo o como un otro
Acierto
Que no vemos?

Oro
Ileso

Alimento
Entero

¿Cuándo se acaba el tiempo?

Prisionero de Dios, yo nunca supe
Si mi existencia es amarga o dulce

Está abierta la reja

Debe ser la costumbre

Vida
Preciosa!

Bendecida
Olorosa

Tu sangre goza
Sentir

¡Osa, osa

Vivir!

Hay una interdicción de amar
Más allá del mundo o del tiempo:
Hay un no que me urge violar
Para desplegarme entero

Hay una interdicción de amar
Por el acto, la lengua o el celo
Y no hay genio en la tierra por llamar
Aunque haya Dios en el cielo

Hay una interdicción de amar
Y no le entiendo el secreto
Pero voy al mar y voy a amar
Como pueda, y luego veremos

¿Le pertenezco?

Pero al mundo me entrego y
Desde su centro, crezco

Así fue. En primavera

Y lo que era, era!

Yo soy mayor que el tiempo: afirmo
Que mi amor no es de horas, sino
Como cualquier amor, infinito

Distingo
Tu espera, muerte, porque estoy
Saltándote: confirmo
Mi ser perenne, deportivo

Miércoles, aún es domingo

La majestad del acto
De crear, me sacie
Exacto:

Ninguna recompensa

Mi gracia venza

Crecer
En
Por
Con el deber!

Porque yo soy intenso
Me resisto a creer
En el fraude del tiempo

Yo creo en el Amor
Que hace completo y firme
El día de hoy

Nunca he pretendido
Crear sentido

He obedecido

Sí, estoy crecido

Vida
Dada

Gozada!

Entregada!

Si no hay sentido
Yo luché por alguno
Habiendo creído

Pido olvido

Pido
Olvido

Hay mejores ejemplos para alcanzar
Sentido

He vivido

Ahora les toca a ustedes

Yo he creído

He creído

Como un tonto he fiado
Como un sabio he dudado
Como un niño he querido

He creído

Solo creía yo

Cualquiera era más listo
Estaba el mal previsto
Ellos sabían que no

Esfuerzo y muerte
Y el decoro de aquel que
Pierde

La suerte
De haber sido negado
Desde siempre

Y haber consentido mi hora
Escaso y fuerte

Por siglos soñamos con el
Ala

Íbamos hacia arriba cuando
Tropezamos con la
Cama —

El horizonte brama

¡Hálanos, Ala!

Mi alma
Brava
Exige una cuota
De magia o de rabia

Su intensidad sagrada
Protesta y trabaja

Mi alma
Brava
Rehúsa la muerte
Por sucia y por mala

Mi alma
Brava
Escapa

Comienza. ¿Se acaba?

Mi gracia
Vence

Del poso de mi conducta una palabra
Emerge

Se despliega, convence

Tu gracia
Siempre

El ala avala el alma y la iguala

Si callo
Estallo

Si estallo
Me hallo

Loco del bien
Dale todo a los que nada te den

Libre en el bien
Del Amor rehén

No te detienes en la muerte

Atraviesas, entras, vences

No te detengas en la muerte

                    Cintio Vitier In Memoriam

Por ti, por mí, por los hijos
Sencillos y jubilosos de Amor
Aún proclamo estas nociones
Que nos ha encomendado mi Señor,
Todavía sostengo los escudos
De las hazañas de Dios

Por ti, por mí, por los tiempos
De la prueba, la lucha y el dolor,
Todavía yo creo en la victoria
De cuanto ya sabemos que es mejor,
Aún persisto en mantenerme
En esta alegría que es pasión

Por ti, por mí, por los ritos
Que nos unen para la salvación
Por cuantas conciencias vivientes
Haya prodigado el Creador,
Bendiga yo con mi gesto amoroso
El Verbo que es Acción!

ÍNDICE

DEL AUTOR

Rafael Almanza Alonso, Camagüey, Cuba, 1957. Poeta, narrador, ensayista, crítico de arte y literatura, editor, promotor cultural, curador de arte, periodista independiente. Maestro. Ha publicado: *En torno al pensamiento económico de José Martí*, ensayo, Ciencias Sociales, La Habana 1990; *El octavo día*, cuentos, Oriente, Santiago de Cuba, 1998; *Hombre y tecnología en José Martí*, ensayo, Oriente, Santiago de Cuba, 2001; *Libro de Jóveno*, poesía, Editorial Homagno, Miami, 2003; *Vida del padre Olallo*, biografía, Barcelona, 2005; *Los hechos del Apóstol*, Vitral, Pinar del Río, 2005; *El gran camino de la vida*, poesía, Editorial Homagno, Miami, 2005; *Elíseo DiEgo: el juEgo de DiEs?*, ensayo, Letras Cubanas, La Habana, 2008; *HymNos*, poesía, Homagno, Montreal, 2014; *El octavo día*, segunda edición, Ediciones Homagno, 2020; *Nada existe*, noveleta, Homagno, 2020; *Fívulas u peróvulas*, narraciones, Homagno, 2020; *Los hechos del Apóstol,* segunda edición, Homagno, 2020, *Introducción a la poesía de José Lezama Lima*, Homagno, 2020. Colaborador de publicaciones cubanas y extranjeras.

www.rafaelalmanza.com

En honor de la Virgen de la Luz

www.ingramcontent.com/pod-product-compliance
Lightning Source LLC
Chambersburg PA
CBHW062144080426
42734CB00010B/1558